EPISODES RÉVOLUTIONNAIRES

L'ANNÉE DE LA PEUR

A TULLE

PAR

VICTOR FOROT

INGÉNIEUR CIVIL

*Président du Comité départemental des Recherches sur l'Histoire
de la Révolution française*

Chevalier et officier de plusieurs ordres français et étrangers

PARIS

Librairie Paul Cheronnet

19, Rue des Grands-Augustins

1906

L'ANNÉE DE LA PEUR

A TULLE

PAR

VICTOR FOROT

INGÉNIEUR CIVIL

Président du Comité départemental des Recherches sur l'Histoire
de la Révolution française

Chevalier et officier de plusieurs ordres français et étrangers

PARIS

Librairie Paul Cheronnet

19, Rue des Grands-Augustins

—

1906

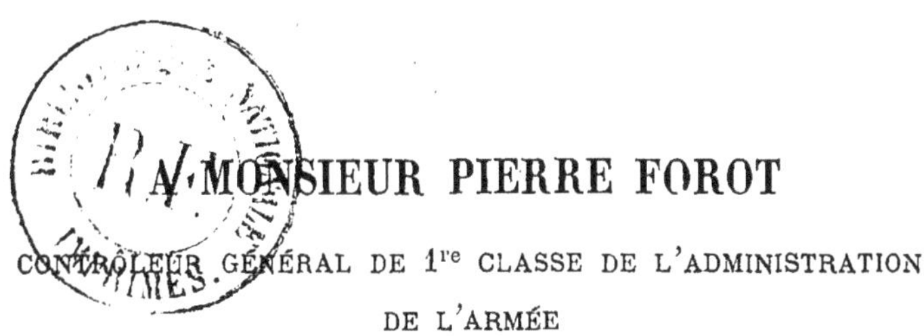

A MONSIEUR PIERRE FOROT

CONTRÔLEUR GÉNÉRAL DE 1re CLASSE DE L'ADMINISTRATION
DE L'ARMÉE

COMMANDEUR DE LA LÉGION D'HONNEUR

*Si mon bien-aimé Père vivait, c'est à lui que je dédierais
ce livre. Tu es l'aîné de notre famille, je te prie donc d'accepter l'hommage de ce travail comme témoignage de tout
mon respect et de ma plus profonde amitié.*

VICTOR FOROT.

Bourrelou, près Tulle. — Décembre 1905.

AVANT-PROPOS

Je possède dans mes archives quelques titres intéressants, mais je sais au prix de quels sacrifices je les ai acquis... J'ai payé très cher en temps et argent ce qui souvent ne valait rien ! — Soit, mais j'ai aussi eu quelquefois, souvent même, la satisfaction de sauver de la destruction une pièce qui apportait un jour tout particulier dans l'histoire économique, sociale ou politique de mon pays. J'étais dès lors largement dédommagé de mes peines, de mes soins à rechercher ces précieux documents. Je faisais provision de satisfaction pour l'avenir.

Je ne l'ai jamais aussi bien compris que depuis quelques années : fatigué par un labeur professionnel qui a duré plus de quarante années, je suis revenu au pays natal espérant y trouver un repos facile et réconfortant. Mais *qui a bu boira*, dit un vieux proverbe, et dès mon enfance, j'avais bu... à la source du travail.

Vieil endurci, inguérissable, je devais continuer à m'enivrer du nectar qui m'avait soutenu et fait vivre dès ma prime jeunesse : il fallait travailler !... Dès lors, quelle occupation pouvait m'être plus agréable et mieux remplir mes loisirs que d'étudier l'histoire du pays et des gens qui m'ont vu naître ? Je me suis donc mis à l'œuvre et ce volume est le fruit d'une partie de mon travail sur la *Révolution à Tulle*. Je serais heureux s'il peut avoir quelque utilité et mieux faire connaître notre pays.

V. F.

L'ANNÉE DE LA PEUR A TULLE

(1789-1790)

CHAPITRE Ier

L'Assemblée Nationale. — Le Serment du Jeu de Paume. — Prise de la Bastille. — La Milice bourgeoise. — Le retour de Necker. — L'annonce de l'arrivée des brigands à Tulle. — Formation de la garde citoyenne tulloise. — Le Comité permanent, conseil politique. — Un emprunt pour approvisionner la Ville. — L'Evêque du diocèse.

> *Neminem lœdere et suum cuique tribuere.*
> (*De officiis* de Ciceron.)

Nous voulons, suivant cette maxime, essayer de juger chacun selon ses œuvres, sans passion et sans injustice, mais avant de raconter les diverses phases des épisodes révolutionnaires dont Tulle fut le théâtre en 1789-1790, il nous semble utile de rappeler la situation dans laquelle se trouvait la France à cette époque, et surtout de faire connaître l'état d'esprit de la population tulloise et des environs.

En 1789, après la convocation des Etats généraux, et la vérification des pouvoirs, l'ordre du Tiers-Etat, sur la proposition du député Legrand, se déclara *Assemblée nationale*. Mirabeau proposait le titre de *Représentants du Peuple français*, mais Sieyès (ce prophète de la lutte qui allait s'engager entre les classes privilégiées et les classes populaires), se prononça en faveur de la motion Legrand qui fut acceptée.

Il fut chargé de motiver cette décision et, avec une vigueur peu commune, il exposa les raisons qui militaient en faveur de ce titre : « La dénomination d'*Assemblée nationale*, dit-il, est la seule qui convienne à l'Assemblée, dans l'état actuel des choses, soit parce que les membres qui la composent sont les seuls représentants légitimement et publiquement connus et vérifiés, soit parce qu'ils sont envoyés par la presque totalité de la nation, soit enfin parce que la représentation étant une et indivisible, aucun des députés, dans quelque ordre ou classe qu'il soit choisi, n'a le droit d'exercer ses fonctions séparément de cette Assemblée. »

Quelques jours plus tard, un ordre du roi suspendit les séances de l'Assemblée, sous le futile prétexte de préparatifs à faire dans la salle. Bailly, accompagné de quelques jeunes députés, propose de tenir séance dans la salle du jeu de paume, les députés le suivent ; le peuple accourt et l'*Assemblée constituante* ouvre ses séances sur la proposition du député Mounier « de s'engager, par serment, à ne pas se séparer avant l'établissement d'une constitution. »

Bailly lit la formule de ce serment :

« Vous prêtez le serment solennel de ne jamais vous
» séparer, de vous rassembler partout où les circonstan-
» ces l'exigeront, jusqu'à ce que la Constitution du

» royaume soit établie et affermie sur des fondements
» solides. »

Trois jours plus tard, le 23 juin 1789, avait lieu la
séance royale. Louis XVI, mal inspiré par ses ministres, fit
un discours qui irrita les esprits et, comme conclusion, il
ordonna à l'Assemblée de se séparer sur-le-champ. En se
retirant, il fut suivi par la noblesse et une partie du clergé ;
les députés des communes restèrent silencieux à leurs
bancs. Alors Mirabeau se levant : « Messieurs, dit-il,
j'avoue que ce que vous venez d'entendre pourrait être le
salut de la Patrie, si les présents du despotisme n'étaient
pas toujours dangereux... Mais où sont les ennemis de la
Nation ?... Catilina est-il à nos portes ?... Je demande
qu'en vous couvrant de votre dignité, de votre puissance
législative, vous vous renfermiez dans la religion de votre
serment ; *il ne vous permet de vous séparer qu'après avoir
fait la Constitution.* »

Arrive à ce moment, le marquis de Brézé, grand maître
des cérémonies de la Cour, et s'adressant à Bailly qui
présidait :

— Vous avez entendu, dit-il, les ordres du Roi ?

— Je vais prendre ceux de l'Assemblée, répond
Bailly.

Mais Mirabeau s'avance en s'écriant :

« Oui, Monsieur, nous avons entendu les intentions
qu'on a suggérées au roi ; mais vous n'avez ici ni voix,
ni place, ni droit de parler ! Cependant, pour éviter tout
délai, allez dire à votre maître que nous sommes ici par
la puissance du peuple et qu'on ne nous en arrachera que
par la puissance des baïonnettes ».

C'était la porte ouverte à la Révolution, et peu de jours
après, le 14 juillet 1789, la sombre forteresse de la Bastille était prise par le peuple.

La Révolution était accomplie. La nation entière eût alors conscience qu'elle était maîtresse du pouvoir législatif par l'Assemblée constituante ; elle savait déjà qu'elle possédait la force publique, en elle-même, il ne lui restait qu'à l'organiser.

Les circonstances s'y prêtèrent à souhait. On créa à Paris la milice bourgeoise, et le 15 juillet 1789 Lafayette en fut nommé commandant.

L'ancien ministre Necker venait d'être rappelé et proposait une constitution basée sur les principes de celle de l'Angleterre : c'était un accommodement entre le trône, l'aristocratie et le peuple.

Mais les partis qui composaient la Cour de Louis XVI étaient plus divisés que jamais. La haute noblesse, ne voulant pas transiger, refusait la constitution de deux chambres ; la petite noblesse s'y opposait aussi, sachant qu'elle ne pouvait entrer dans la chambre haute. Le parti populaire en voulait encore moins : instruit et effrayé par le passé de l'aristocratie, il ne voulait lui laisser aucune influence.

La France entière était bouleversée, épouvantée, par des bruits sinistres, colportés de ville en ville. On annonçait partout qu'une horde de brigands était dans le voisinage, pillant et massacrant tout sur son passage ; ce fut une panique générale. La ville de Tulle et ses environs l'éprouvèrent presque aussitôt, car, dès le 2 août 1789, l'administration municipale, inquiète, convoqua en assemblée générale tous les membres de la communauté, pour la formation d'une milice destinée à la défense de la ville.

Voici le procès-verbal de cette réunion (1) :

____

(1) Archives de la Mairie de Tulle, D. 1, V. 1, p. 15 et s.

Aujourd'hui second jour du mois d'aoust mil sept cent quatre-vingt-neuf, à trois heures de relevée, dans l'assemblée générale de la communauté convoquée par messieurs les Officiers municipaux à l'effet d'aviser aux moyens de rétablir la tranquilité de cette ville, menacée par une invasion de brigands, à laquelle assemblée ont assisté messieurs les Députés de tous les ordres, de tous les corps et corporations et communautés de cette ville.

Tous messieurs les Députés étant déjà rendus, à l'exception de ceux de la noblesse, lorsque cet ordre s'est présenté en corps et a dit par l'organe de monsieur Fénis de Lacombe, ancien gouverneur, que si le vœu de l'assemblée était pour l'établissement d'une milice bourgeoise l'ordre de la noblesse renonçait à toute espèce de distinction et de privilège et demandait à participer aux fatigues et aux périls de leurs concitoyens et a requis acte de cette déclaration.

L'assemblée, aussi sensible que peu surprise de ces marques de patriotisme, a engagé tous messieurs de l'ordre de la noblesse d'être présent à la délibération qui seroit prise.

Le procureur du roi et de la ville ayant exposé succintement les dangers dont on a été menacé a proposé de déliberer s'il était nécessaire d'établir une garde et dans le cas ou le vœu fut pour l'affirmative de déterminer si la garde seroit bourgeoise ou citoyenne.

Sur quoi l'assemblée ayant murement délibéré le résultat a été :

1º qu'il seroit formé une garde citoyenne et non bourgeoise, et que cet établissement se soutiendroit tant qu'elle sera nécessaire et jusqu'à révocation de la part de la communauté qui s'assemblera à cet effet tous les premiers dimanches de chaque mois, dans la salle de la juridiction consulaire, à trois heures après midi, sans qu'il soit nécessaire de faire passer des billets de convocation. Le premier point décidé l'ordre de la noblesse s'est retiré à l'exception de messieurs les deux deputés qu'elle avoit choisi pour la représenter.

2º Il a été décidé unanimement et par acclamation que cette garde sera composée de tous les citoyens sans aucune distinction d'ordre.

3º Il a été decidé à la pluralité des voix que tous les citoyens de cette ville, écclésiastiques séculiers, réguliers, nobles ou bourgeois monteront la garde en personne, avec la liberté de se faire remplacer par d'autres citoyens classés.

4º Tout citoyen sera classé depuis l'âge de seize ans jusqu'à soixante-dix inclusivement.

5º Les ouvriers reconnus pauvres et infirmes ne sont point classés.

6º Tous les domestiques seront exclus de l'honorable garde citoyenne.

7º Tous messieurs les Députés séculiers, laïcs, ont prêté le serment de ne se faire remplacer que par des personnes classées qu'en cas de nécessité, cependant un père qui enverra son fils à sa place sera reputé monter la garde lui-même.

8º Il a été arrêté que la garde citoyenne sera divisée en huit compagnies.

9º Les officiers des deux états majors qui seront dénommés cy-dessous auront le droit de faire toutes les ordonnances necessaires à la police militaire et auront par conséquent le droit de la faire exécuter, messieurs les Officiers municipaux ayant bien voulu se dépouiller dans ce moment de ce droit leur appartenant comme une prérogative spéciale attachée à leur place.

S'ensuit la nomination de messieurs les Officiers :

Mestre de camp général : Monsieur le Chevalier de Seilhac, ancien lieutenant du roi de Falsebourg, nommé par acclamation.

Colonel : Monsieur Floucaud, médecin.

Lieutenant-colonel : Monsieur le Chevalier de Saint-Avid, ancien capitaine de grenadiers dans le régiment de Berry.

Major : Monsieur Darcambal.

Deux aides de camp : Messieurs le Chevalier de Seilhac, ancien capitaine d'infanterie au régiment de Bourbonnais, et Lanot, avocat.

Le père Guerrier, aumonier.

Lieutenant du roi : Monsieur de Seilhac, ancien lieutenant-colonel d'infanterie ; pour adjoint : Monsieur de Seilhac, lieutenant des maréchaux de France.

Major : Monsieur de Fénis de Lagarde, ancien mousquetaire noir.

Aide-major : Monsieur de Saint-Priest, avocat, procureur du roi à l'hôtel de ville.

Sous-aide major : Monsieur Mesnager de Marsac.

Ecrivain de la place : Valadier.

Première compagnie :
M. Lacombe du Roussel, premier échevin, capitaine en premier ; capitaine en second, M. Nussanes.

Seconde compagnie :
Le père Lanneau Théatin, capitaine en premier ; M. Rigolle, capitaine en second.

Troisième compagnie :
M. de Boussac, ancien capitaine dans le régiment d'Artois, chevalier de Saint-Louis, capitaine en premier ; M. Reignac, avocat, capitaine en second.

Quatrième compagnie :
M. Lagarde-Praliou, ancien garde du corps du roi, chevalier de Saint-Louis, capitaine en premier ; M. Malpeuch, capitaine en second.

Cinquième compagnie :
M. Floucaud, notaire royal, capitaine en premier ; M. Barthelemi, ingénieur des Ponts et Chaussées, capitaine en second.

Sixième compagnie :
M. de Fénis de Labrousse, capitaine en premier ; M. Béril, échevin, capitaine en second.

Septième compagnie :

M. le commandant actuel de la Manufacture, capitaine en premier ; M. Brival, procureur du roi, capitaine en second.

Huitième compagnie :

M. Lacombe du Roussel, fils, conseiller au présidial, capitaine en premier ; M. Villeneuve, avocat, capitaine en second.

Quant à ce qui concerne la nomination de messieurs les lieutenants en premier, lieutenants en second, sergents majors, sergents particuliers, caporaux, messieurs les Capitaines les nommeront ainsi que l'état-major nommera les deux porte-drapeaux à nommer et autres places d'officiers qui viendroient à vacquer jusqu'à l'époque de la révocation de la garde citoyenne.

Et lecture a été faite de la présente delibération.

Fait et clos ledit jour dans la salle de la juridiction consulaire que messieurs les Juges-Consuls ont bien voulu prêter dans cette occasion.

Et messieurs les Députés ont signé :

> De Fénis de Laprade, député de l'ordre de la noblesse ; Temissieu, député du chapitre ; Graviche, chanoine ; Lamore de Lamirande, curé de Saint-Pierre ; Sudour, curé de Saint-Julien ; F^{re} Damase, prieur des Carmes ; F^{re} Hilaire, des Carmes ; F^{re} Hypolite, vicaire des Récollets ; Lanneau de Marey, préfet du Collège ; Béril, échevin ; Tramond ; Baratier, député des maçons ; Guerrier, professeur de philosophie du Collège de Tulle ; Floucaud ; Libouroux, député (des cordonniers) ; Vidal ; Trives ; Bardon, prêtre ; Floucaud de la Penardille ; Boudrye ; Duchier ; Pauquinot, député des procureurs ; Dulignon ; Moussours, député des procureurs ; Villeneuve, député, avocat ; Lacoste, député des advocats ; Grandchamp, président ; Malpeuch ; Reignac, député des notaires ; Vialle, juge de Tulle ; Lacombe du Roussel, conseiller, premier échevin ; Brival, procureur du roi, député du présidial.

Quelques jours après, le 7 août, les députés de tous les corps, de tous les ordres et de toutes les communautés et corporations furent convoqués à nouveau pour nommer un comité permanent chargé de concourir avec MM. les

Officiers municipaux « pour le maintien du bon ordre et pour veiller à la tranquillité publique, pendant le temps que cette ville sera menacée par les ennemis de la Patrie, et que la correspondance, déjà établie entre les villes circonvoisines, subsistera. »

Furent élus membres de ce comité :

MM. Rabanide, avocat ; Vialle père, avocat ; Brival, procureur du roi ; Melon, avocat du roi ; de Lacombe, ancien maire, et Brival, chanoine et grand vicaire.

En plus des députés présents à la précédente délibération, les députés suivants ont pris part à cette formation de comité :

Brossard, député de l'élection ; Toinet ; Frère Seraphin, récollet ; dom Lacoussière, prieur des Feuillants ; Poulverel ; Fayssat ; Raynal de Tissoniere ; Barbier, prêtre ; Rodorel de Seilhac ; Borderie de Vernéjoux ; Lagier ayné ; Mesnager, prêtre ; Charain, échevin ; Sudour, échevin ; de Saint-Priest, procureur du roi.

Le 14 août, un décret de l'Assemblée nationale, sanctionné par le roi, approuvait l'établissement de la garde citoyenne à Tulle.

L'assemblée générale de tous les corps de la communauté, de nouveau réunis, décide que chaque compagnie fournira, chaque jour, trois hommes pour la garde, non compris les officiers.

Les conseillers politiques nommés dans la précédente réunion ayant prié l'Assemblée d'agréer leur démission, MM. Sudour, curé de Saint-Julien ; de Vernéjoux, baron de Laroche ; Daubech, médecin ; Lacombe du Roussel fils, conseiller ; Melon de Pradou, avocat du roi, et Lacoste, avocat, sont élus à la pluralité des voix.

Il est en outre décidé que le commandant, le colonel et le major de la place auront entrée au Comité.

L'état-major de la place est définitivement constitué comme suit :

M. de Seilhac aîné, commandant ; M. Fénis de Laprade, major ; M. de Saint-Priest, aide-major.

Colonel du régiment : M. Floucaud, médecin.

Lieutenant-colonel : M. le chevalier de Saint-Avid.

Major : M. Darcambal.

Les autres officiers seront nommés par les compagnies.

Parmi les nouvelles signatures des députés, nous relevons celles de :

Jaucen, député des sargetiers ; Delbos, chirurgien ; de Bourguet, député du présidial ; Soleilhet fils, député des médecins ; Dubois, député des huissiers ; Mariau ; Lagarde ; Combrade ; Vidal ; Duclaux, lieutenant du maire.

L'obligation d'avoir une garde journalière composée d'officiers et de vingt-quatre hommes de service ne fut pas maintenue très longtemps, car, le 4 octobre 1789, les députés de tous les corps réunis la suspendirent momentanément, « jusqu'à ce qu'elle sera jugée nécessaire par la communauté. »

Nous trouvons encore de nouveaux noms de députés :

Sage, chanoine ; de Braconat, député de la noblesse ; Laborderie ; Rominhac ; Vergne ; Sarget ; Aignou ; Maschat ; Daubech ; Meynard.

Mais ce qui suit montre bien l'état d'esprit de notre population, l'affolement qui s'était emparé de toutes les administrations : à peine quinze jours s'étaient ils écoulés que les corps constitués firent un pressant appel à tous les

députés de la communauté et rétablirent la garde de jour
et de nuit.

Voici le procès-verbal de cette séance (1) :

Aujourd'hui dix-huit octobre mil sept cent quatre-vingt-neuf,
à deux heures de l'après-midi, dans l'assemblée générale de la
communauté de cette ville, ont été convoqués tous les corps et
corporations sur ce qui a été dit relativement à la suspension de la
garde journalière au régime de la susdite garde et de la formation ou augmentation du Conseil politique. Il a été delibéré à la
pluralité des voix que la garde journalière seroit retablie dès demain, qu'elle se monteroit jour et nuit, conformément au dernier
régime, qu'on laissait à la municipalité, comité et état-major le
soin de se procurer un autre local plus commode pour le corps de
garde s'il etoit possible, que aucun citoyen ne pouvoit se faire remplacer pour la garde que par un citoyen classé.

On a pareillement délibéré de procéder à une augmentation
du conseil politique et d'élire encore au scrutin six nouveaux
conseillers. Et ladite élection faite par la voye du scrutin se sont
trouvés nommés Messieurs Pranchère, de Lacombe, ancien
maire, Vialle, juge, Grand-Champ, trésorier, Floucaud, chimiste
et Brival, procureur du roi. A été pareillement statué que tout
ce que dessus ainsi que la dernière nomination du Conseil politique
seroit maintenue jusqu'au premier dimanche du mois de décembre
et ont signé.

Parmi les députés nouveaux signataires, nous relevons les noms
suivants : Grand-Champ, Champ, Barry, Valade, Tailliandier,
Montoil, Vauzange, Régis, Borderie Pierre, Leyx, lieutenant
général, député de l'élection, Dom Gaillardon, prieur des Feuillants, Pourché ainé.

En même temps que la terreur, arrivait la misère ; la

---

(1) Arch. de la Mairie de Tulle, D. 1, V. 1, p. 22 *verso*.

vil'e manquait de pain, le peuple était dans le dénument
le plus complet. Les officiers municipaux, le comité du
conseil politique et l'état-major de la garde citoyenne furent obligés de recourir à un emprunt. Un grenier public fut établi ; tous les citoyens aisés de la ville
voulurent contribuer à secourir le peuple malheureux.

Une délibération du 2 novembre dit que « le comité est
autorisé à emprunter tout ce qu'il jugera nécessaire pour
un approvisionnement de grains et à lever toutes les
sommes pour lesquelles il a été ou sera fait des souscrip·
tions »...

Plus loin nous lisons « que tous les citoyens aisés ont
aidé de leur fortune, que les citoyens éclairés ont aidé de
leurs lumières, que ceux qui ne pouvoient aider que de
leurs bras ont offert leur travail ; que tous ont porté sur
l'autel de la patrie des offrandes utiles à l'ordre public et
à la prospérité commune... que tous ont contribué, autant
que la fortune pouvoit le permettre, à procurer des subsistances à la ville (1). »

Tous les citoyens avaient-ils « contribué, autant que
leur fortune pouvait le permettre, à procurer des subsistances à la ville » ? Les « citoyens éclairés » avaient-ils
bien « tous aidé de leurs lumières » ?...

Voyons comment s'était conduit Sa Grandeur Monseigneur Charles-François-Marius de Rafélis de Saint-Sauveur, évêque de Tulle.

La disette arrivait, Monseigneur s'était empressé de
quitter Tulle pour se rendre à Carpentras, pays plus pri·
vilégié. La municipalité de notre ville, métropole de son

Arch. de la Mairie D 1, v. 1, page 24 et s.

diocèse, lui avait adressé une demande le priant d'aider au soulagement de la misère publique, voici ce qu'il répondit (1) :

Carpentras, ce 23 novembre 1789.

Messieurs,

J'ay reçu la lettre que vous m'avez fait l'honneur de m'écrire le 27 du mois passé. Je voudrais pouvoir vous être utile dans le projet dont vous me faites par, mais je n'ay pas d'argent et je ne sçai ny quant ny combien j'en recevray par la suitte. Il ne met dont pas possible de prendre aucun engagement, heureux si je puis continuer à l'avenir les aumônes que je fais dans la ville, vous les connaissez et la modicité des revenus de mon Evêché.

J'ay l'honneur d'être avec un parfait attachement, Messieurs, votre très humble et obéissant serviteur.

† CHARLES JO. MA., Evêque de Tulle.

Cette lettre était adressée à M. l'abbé Brival, vicaire général.

Indigné d'une pareille réponse, le vicaire-général n'osa pas en donner communication au Comité. Une seconde demande fut adressée à l'évêque et, comme le dit le registre que nous avons sous les yeux, « s'ensuit autre copie de lettre de mondit seigneur, évêque de Tulle. » (2).

Carpentras, le 1er décembre 1789.

Messieurs,

J'ay repondu a la lettre que vous m'avez fait l'honneur de m'écrire le lendemain que je lai reçue et je lai adressée à M. l'abbé Brival comme au secrétaire et au premier nommé parmi les membres du Comité qui ont signé, il a cru devoir differer de

---

(1) Arch. de la Mairie de Tulle, D. 1, V. 1, p. 29 verso.
(2) Arch. de la Mairie de Tulle, D. 1, V. 1, p. 30.

vous communiquer ce que je vous marquais. Vous pouvez lui demander de vous en faire part. Je vous repete ici, Messieurs, ce que je vous disois alors, que je ne suis point payé, que je n'ai point d'argent, que je ne scai ni quant ni combien j'en recevrai à l'avenir et qu'il ne m'est par conséquent pas possible de prendre aucun engagement pécuniaire, encore moins d'emprunter. Cependant, messieurs, comme je veux être utile à cette ville que je regarde comme ma patrie et que je l'aime véritablement, malgré bien des choses dont je pourrois me plaindre, je consens à payer 60 livres d'intéréts pour une somme de douze cent livres que vous vous procurerés et que vous rembourserés dans l'année, par le moyen de la vente du bled que vous acheteriés. Si vous la remboursssé plutôt, le prorata des interêts tournera au profit de la ville a qui j'en fais don. Voila, messieurs, le seul arrangement que ma position et les circonstances présentent à ma bonne volonté, il vous est plus avantageux que les fonds même qui n'est point en mon pouvoir, puisque vous seriés obligé de me le rendre à la fin de l'année et qu'il ne donneroit aucun benefice.

J'ay l'honneur d'être avec un parfait attachement, messieurs, votre très humble et très obéissant serviteur.

† Charles Jo. Ma., *Evêque de Tulle.*

Et cette lettre est siguée de la main d'un prince de l'Eglise! d'un ministre de Celui qui a dit : « Aidez-vous les uns les autres ! »

Le registre sur lequel nous relevons cette correspondance, dont nous avons conservé l'orthographe et la ponctuation, porte la mention suivante :

Et après l'enregistrement des lettres cy-dessus, il a été fait la reponse qui a été signée par le comité permanent, laquelle sera transcrite cy après.

Fait et clos le jour et l'an que dessus (quatorze décembre mil sept cent quatre-vingt-neuf).

> Signé : Lacombe du Roussel, échevin ; d'Arche, Seilhac, Brival, Sartelon, Borderie de Vernéjoux, Duchier, l'abbé de Lacombe, Darcambal, Leyx, Floucaud, colonel.

Voici la lettre qui fut adressée par le Comité à Monseigneur Charles-François-Marius de Rafélis de Saint-Sauveur, évêque de Tulle, en ce moment à Carpentras (1) :

Monseigneur,

La lettre dont Vous nous avez honoré le premier de ce mois prouve d'une manière non équivoque que nous avons présumé trop avantageusement de l'état de Vos finances, et nous met dans le cas de Vous témoigner toute la part que nous prenons à Votre triste situation ; M. l'abbé Brival avoit été assez discret pour nous épargner cette douleur, en cachant Votre précédente lettre, il ne l'a même communiquée que par Vos ordres.

Pour répondre en même temps à l'une et à l'autre nous prenons la liberté de Vous observer, Monseigneur, que toutes les bourses de la ville se trouvant épuisées par l'emprunt patriotique, il nous est impossible de trouver les douze cents livres dont Vous voulés bien vous charger de payer l'intérêt ; comme Vous nous offrés cependant soixante livres pour cet objet, que Vous faites même le sacrifice de cet argent en faveur de la métropole de Votre Diocèse, nous prenons la liberté de Vous observer, que quoique le comité de subsistance ne soit pas authorisé à prendre le présent don, ni même une somme au-dessous de cent francs à titre de prêt, nous nous écarterons cependant de cette règle en Votre faveur, espérant que des temps plus heureux et des circonstances moins alarmantes Vous permettront de nous secourir d'une manière plus efficace.

---

(1) Arch. de la Mairie de Tulle, D. 1, V. 1, p. 30, *verso.*

Nous nous empressons, en attendant, de Vous annoncer que, malgré la disette d'espèces, nous avons déjà ramassé *vingt-cinq mille livres* pour le pret patriotique ; qu'il est déjà arrivé une certaine quantité de grains, qu'il en arrive journellement et que tous nos citoyens ont montré à l'envie le zèle, l'ardeur et la générosité qui leur sont propre.

Nous espérons, Monseigneur, que ce petit détail ne Vous déplaira pas, que Vous aurés même regret de n'avoir pas été témoin de notre conduite et que Vous nous jugerés enfin d'une manière plus favorable.

Nous sommes avec un profond respect, Monseigneur, Vos très humbles et très obéissants serviteurs.

> *Les Officiers municipaux, le Comité et Etat major de la ville de Tulle,*
>
> (Suivent les signatures.)

Tulle, le 14 décembre 1789.

Cette fière et caustique réponse n'a pas besoin d'être commentée.

. . . .
. . . .
. . . .

Cet évêque était bien connu dans son diocèse, nous n'en donnerons pour exemple que la supplique adressée par les administrateurs de l'hôpital général de Tulle à M. l'Intendant général du Limousin, supplique « dans laquelle ils exposent les tracasseries qu'ils ont eu à subir de la part de M. Rafaélis, en qui ils n'ont pas trouvé la même charité qu'en ses prédécesseurs. » (1)

(1) Arch. de l'Hôpital de Tulle. B. 29.

CHAPITRE II

Les plaintes des paysans. — Tentative pour ouvrir l'étang. —
La maréchaussée charge la foule. — La garde citoyenne se
rend à Favars. — Les blessés. — Demande de cent hommes
de cavalerie pour rétablir et maintenir l'ordre public. — Les
prisonniers. — Une députation de la ville de Brive envoyée à
Tulle. — Une seconde envoyée à Paris. — L'alliance des villes
de Tulle, Brive, Uzerche et Ussel. — Les prisons insuffisantes
pour contenir les prisonniers. — Les interrogatoires des accusés.
— Le jugement. — L'opinion publique. — La potence à Tulle.
— La cour prévôtale dénoncée à l'Assemblée nationale.

Le grenier public se remplissait, les arrivages et la
vente des grains se faisait d'une façon régulière, mais les
campagnes environnant la ville, encore sous la domina-
tion de tyranneaux irréconciliables, souffraient de leur
dure autorité. La peur régnait toujours dans les environs, cependant le paysan sentait qu'il pouvait secouer le
joug féodal qui l'étreignait encore et espérait que les juges

lui accorderait la justice qu'il méritait. Il osa élever la voix pour se plaindre.

Voici un document d'archives à ce sujet :

A Monsieur le Lieutenant général criminel de Tulle,

Supplient humblement Leonard Raffy, cadet, du bourg de Cornil, Pierre Puydebois, du village de Lavialle et parroisse, Berthon Murat, du village de Cessénat, même parroisse, François Varille, du village de La Ramade, même parroisse, Theve Germain, veuve de Bernard Espinat, du bourg de Cornil, Antoine Cousterie, dudit bourg, Jean Barry, aussi dudit bourg, Eymard Bouyssou, du village de Rouanne, parroisse de Daignac, Pierre Jouanie, du bourg de Cornil, François Roux, du village du Mons et parroisse.

Disants en ce plaignants que le despotisme feodal, dont ils éprouvent la tirannie, depuis bien des années, par les exactions les plus cruelles que le sieur L. D... (1) cadet a exercé contre eux les a rendus les victimes souffrants de son caprice et de sa brutallité. La crainte de l'impérieux regime feodal les a contraint a gemir en sillence jusqu'aujourd'huy, sans oser lever leur voix tremblante vers la justice pour implorer son secours, mais aujourd'huy qun heureux changement s'opère dans l'Etat, et que les malheureux deviennent libres, le premier usage qu'ils font de cette même liberté c'est de demander justice des meaux qu'ils ont éprouvé soit vis avis de leurs personnes, soit vis avis de leurs biens ; en consequence ils vont séparément deduire leurs causes et moyens de plaintes contre ledit sieur L. D... cadet.

Leonard RAFFY se plaint qu'ayant resté plusieurs années domestique de M. L. D... et dans le temps qu'il étoit encore à son service le dit sieur D... le sollicita vivement a achetter une vieille masure située dans le bourg de Cornil. Et pour l'engager a faire cette aquisition il luy promit de le gratiffier du montant des

---

(1) Nous tairons ici le nom qui appartient à une famille très honorablement connue à Tulle.

lots et ventes, sur cette promesse le plaignant achetta ladite maison et la fit pour ainsi dire réediffier, attendu qu'elle tomboit en ruine. Quant les réparations furent faittes et que le plaignant y eut fixé son domicille, le sieur D... fit eclater les vues qu'il avoit toujours cachés, en consequence il fit apporter audit Raffy par le ministère de Me Laporte notaire du village de La Geneste, qui avoit passé le contrat de vante, l'argent du montant de l'aquisition avec offre de le recevoir en par luy passant revante en vertu du retrait féodal que ledit sieur D... pretendoit exercer.

Le plaignant ayant refusé de recevoir cette somme, attendu que les reparations qu'il avoit fait faire depuis son aquisition montoient plus de quatre cents livres en sus de ce qu'il en avoit donné qui n'étoit que soixante ecus. Sur le refus dudit Raffy le sieur D... consigna l'argent du prix de l'aquisition, le fit saisir par le sieur Pechadour, creancier dudit Raffy et luy, comme créancier dudit Pechadour le retira. Cella fait dans le temps que ledit Raffy etoit absent pour gagner sa vie et celle de ses enfants, etant devenu veuf. Le sieur D... s'empara de la maison et en y entrant il fit enlever un lit complet qu'il fit emporter ches luy, il luy fit enfoncer une garderobe qui y étoit, fit emporter les hardes de sa femme qu'elle renfermoit et les vandit a une fille de Brive qui restoit chez luy en qualité de cuisinière. Il luy prit aussy de dans ladite garderobe, du linge et ses papiers qui consistoint au contrat de vente de la maison et en dos lettres d'échange et billets de diferantes personnes qui luy devoint, et plaça un metayer dans la maison du suppliant. Tout cella s'est passé depuis trois ans ou environ.

Depuis cette epoque ledit sieur D... voulut absolument que ledit Raffy fut rester encore ches luy et il fut forcé malgré luy d'y aller ou il a resté deux ans, dont il n'a reçu aucun salaire. De plus il a employé 45 livres de sa poche pour le frère D..., scavoir qu'ayant été chargé de la part du sieur D... de venir à Tulle à la foire de St-Antoine pour y achetter deux cochons, un pour nourir et l'autre pour le tuer en petit sallé et il ne luy donna que dix-huit ecus et les cochons montèrent l'un 35 livres et l'autre 27 livres 12 sols, et le plaignant fournit le surplus de sa poche, en

second lieu il luy apporta en deux differantes reprises et par ses
ordres pour six livres de papier de ches le sieur Daubech du pont
de la pierre, lesquels six livres le plaignant a aussi déboursé.

En troisième lieu quelques jours après son mariage le sieur D...
vint à Tulle avec sa dame et plusieurs autres personnes des
nopces, ils mirent pied à terre au Chapeau Rouge et furent dinés
chez M. L... l'aîné, avant de s'en aller le sieur D... demandat au
plaignant s'il avoit d'argent ce quoy celluy-cy repondit qu'il en
avoit quelque peu. Eh bien, luy dit-il, tu payeras la depense des
chevaux. Ce qu'il fit.

4e. Etant au chateau de Poissac avec le sieur D... son maître,
il y vint un marchand de poivre, Le sieur D... ou quoique soit sa
dame en prirent deux livres et dirent au plaignant de le payer, ce
qui monta six livres.

Quant le plaignant est sorty de ches le sieur D..., il a esté dans
sa chambre et luy a présenté son compte tant du montant de ses
loyers que de celluy des fournitures et avances qu'il avoit fait.
A son aspect ledit sieur D... entra dans une fureur des plus terri-
bles en luy disant de sortir vite de son appartement, ce que le
plaignant fit pour eviter son courroux. Et dans le temps qu'il ou-
vroit la porte, il luy lança une bille de tabach qu'il avoit sur sa
table, duquel coup il fallit etre assommé, et c'est la toute la re-
compense qu'il a eu.

PIERRE PUYDEBOIS se plaint qu'il y a environ onze ans, une
veille des Rois, quetant a l'afue de la becasse a l'entrée de la nuit,
le sieur D... vint à l'endroit ou il etoit et comme le plaignant
voulloit s'en aller il luy cria d'arreter, ce qu'il fit. Et aussitôt *il
luy tira un coup de fusil qui luy remplit l'echine et les jambes
de plomb, duquel coup il a failli a perir.*

FRANÇOIS ROUX, du village du Mons, se plaint qu'il y a environ douze ans qua une ou deux heures de la nuit le sieur D... vint
chez luy pour le désarmer, tant luy que son frère. Le plaignant
sortit et luy remit son fusil et luy dit qu'il n'avoit pas celluy de
son frère, alors le sieur D... tomba sur luy à coup de fouet de

cheval. La mère du plaignant voyant que son fils étoit si mal traité sortit de sa maison et se mit a la traversse en disant au sieur D... : Monsieur, epargnez mon fils qui me donne à vivre, tués moy plutot moy ; alors il la repoussa brutalement en luy disant : Bougresse, ote toi de la ou je te casse les os. Et s'obstina a demander le fusil du frère du plaignant ; on luy repeta encore qu'on ne l'avoit pas, il s'obstina encore a le voulloir, de sorte qu'on fut contraint d'enfoncer une caisse ou il etoit enfermé. A force de prières qu'on lui a fait ou fait faire, il en a rendu un et il retient encore l'autre.

Jean BORIE, du bourg, se plaint qu'il y a six ans ou environ que le sieur D... luy fit arracher dans un bois a luy appartenant, appellé de Piny, situé dans les appartenances du bourg de Cornil, huit chataigners, arbres faits et de très bon rapport dont il fit faire du bois qu'il fit entasser sur les lieux et transporter chez luy quand il fut sec.

A peu près dans le même temps le plaignant avoit fait faire des brasses de bois châtaigner, lequel bois le sieur D... fit emporter d'authorité chez luy et le plaignant n'a jamais reçu que douze livres quoyque ledit bois valloit quatre livres la brasse.

Berthou MURAT, de Cessenat, se plaint qu'il y a environ douze ans que le sieur D... vint ches luy pour le désarmer et le plaignant ayant refusé de luy rendre son fusil, ledit sieur D... luy donna un coup de pointe de batton sur l'estomac, duquel coup il fut renversé et etant par terre il l'accabla de coup de son batton, jusqu'a ce qu'il l'eut cassé sur son corps. Le plaignant fut si cruellement maltraité que du depuis il luy a esté impossible de travailler pour gagner sa vie.

François VAREILLE, de la Ramade, se plaint qu'il y a environ douze ans qu'étant dans un pré appartenant à Jean Lascaux, du village do Poumeyrol, le sieur D... vint à passer et ayant apperçu le plaignant « luy dechargea son fusil double sur luy », dont l'un l'atteint au chapeau et l'autre à une cuisse en fleurant et après

quil eut tiré ses deux coups, il dit à M. de Bar qui etoit avec luy :
Tire, bougre, tire ! ce qu'il ne fit pas.

Thérèse GERMAIN, veuve de Bernard ESPINAT, se plaint
quil y a environ treize ans que le sieur D... maltraita ledit Espinat son mary de la maniere la plus cruelle à coup de pieux de
charrete, et étant reduit sur son grabat, il vint le chercher le lendemain pouvant à peine se soutenir et le força de venir ecorcher
un bœuf qui luy etoit crevé du charbon. Et cette maladie pesti-
lantielle empoisonna si fort ledit Espinat quil en mourut presque
sur le champ. La plaignante sa veuve, lors de la mort de son
mary, etoit enceinte de trois mois et etant sans bien et sans res-
source elle a été obligée du depuis à mandier son pain.

Antoine COURTARIE, du bourg, se plaint que l'année dernière le sieur D... luy fit arracher deux chataigners de dans un
bois à luy appartenant appelé au Mescoux, lesquels arbres etoint
d'un produit considerable.

Eymard BOUYSSOU, du village de Rouanne, se plaint qu'il y
a dix-huit ou dix-neuf ans qu'en passant au village de La Voisine,
paroisse de Sainte-Fortunade, il entra dans la cabane de La Feuil-
lande accompagné du nommé Pierre Roche, du village du Vial-
lard, paroisse d'Aubignac, pour y boire une bouteille de vin, qu'on
fit apporter. Dans lequel cabaret et même chambre etoit M. D...
avec plusieurs messieurs qui y buvoint, à peine la bouteille fut-
elle apportée devant le plaignant, et avant qu'on eut commancé de
boire, que l'hotesse vint, prit la bouteille pour la versser dans un
pot qui parroissoit très malpropre, quoy voyant le plaignant s'y
opposa, mais il fut verssé malgré luy, disant : La bouteille fait
besoin à M. D... ; il est vray qu'il repondit a cella : Mon argent
est aussy bon que celluy des autres, pourquoi me privés-vous
d'une bouteille que vous m'avés apporté.

Le sieur D.. ayant entendu cella se leva de la table ou il etoit
saisit le plaignant par les cheveux, le renversa et luy donna plusieurs coups de poings et coups de pieds. Le plaignant echappé de

ses mains sortit et lorsqu'il fut au devant de la porte il se plaignit quoique modestement de ce qu'on l'avoit maltraité si cruellement et si mal a propos, alors M. D... sortit, se jetta de nouveau sur luy et l'accabla de coups jusques la que du depuis il a toujour[s] ressenti et ressent encore beaucoup de doulleurs, tant ces coups ont altéré sa santé. Et le sieur D..., non content d'avoir mis le plaignant dans le plus mauvais état l'obligea de se mettre a genoux et de luy demander pardon.

Outre cella MARIE ROCHE, veuve de VINCENT JUGIE, belle-mère du plaignant, avoit un procès avec le nommé Rhumelt, de Courbiat, paroisse de Pandrigne, ledit sieur D... dit a cette femme de luy remettre sa procedure et trois louis et qu'il prendroit cette affaire en main et la feroit finir. Ladite Roche luy donna la procedure et les trois louis, il y a de ce huit ans ou environ et du depuis elle n'a jamais pu parvenir a avoir ni l'un ni l'autre, le sieur D... a tout gardé.

PIERRE JOUANNIE, du bourg, se plaint qu'il y a huit ans que le sieur D... luy donna un certain terrain a deffricher appellé à Las Plantadas, il fut convenu que pour droit de terre ledit Jouannie luy donneroit ou la paille qui se recueilleroit ou l'egale quantité de grain que celle qui tomberoit sur le terrain, au souhait de M. D. . En conséquence le terrain fut défriché et le plaignant y sema un sestier et deux coupes de seigle, mesure de Brive, quand la moisson fut prette a etre recueillie M D... fut ches le plaignant, le trouva occupé a faire des sabots, luy deffandit expressement de venir couper le bled. Le plaignant ayant voulu luy remontrer que sa deffense etoit injuste, que cette recolte luy appartenoit etant le fruit de son travail et le produit du grain qu'il y avoit jetté, pour lors M. D... entra dans une colere affreuse, se saisit du plaignant et l'obseda si cruellement qu'il fut obligé de se faire raccomoder deux cottes qu'il luy avoit enfoncé. En consequence le plaignant fut contraint de rester ches luy, d'abandonner sa recolte, et le sieur D... s'en empara, luy garda sa peine, le grain qu'il avoit employé et l'exposa a mourir de faim attendu que le plaignant a fort peu de bien et qu'il ne vit que du produit de son travail.

Il y a plus, le plaignant avoit semé des poids avec la permission de M. D... dans un champ appartenant a celluy cy qui devoint etre partagés entreux. Quant ils furent murs, le plaignant les cueillit et les plaça dans une grange du sieur D..., quand il voullu aller pour les battre, il trouva madame qui luy dit : Je suis occupée a degaucher les derniers qui restent, nous finissons de les manger. Et elle luy promit qu'on lui donneroit du froment en remplacement, ce qui n'a pas été fait, et le sieur D... luy a retenu injustement cette recolte comme l'autre.

Quoique la plainte des plaignants soit tardive, ils ont neantmoins lieu d'attendre que la justice voudra l'accueillir favorablement et s'appercevra sans peine que les moyens de leur retard a été forcé, attendu qu'ils étoint sous la puissance de leur accusé qui leur tenoit pour ainsy dire le pied sur la gorge, ce qui les mettoint dans le cas de ne pouvoir se plaindre sans s'exposer a son couroux toujours dangereux et funeste pour ceux qui avoint le malheur d'encourir sa disgrace, même sans raison. Ce n'est qu'aujourd'huy, qune nouvelle constitution qui change la surface de l'Etat ou plutot de ses loix antiques quils se voyent un peu plus libres etant moins exposes a la rigueur du tirrannique Empire des seigneurs, qu'ils commancent a essayer leur liberté pour se plaindre des injustes vexations qu'ils ont eprouvées.

Dans cet état les suppliants ont recours à votre justice aux fins que ce considéré, Monsieur, il vous plaise leur donner acte icy en personne de la presente requette en plainte y faisant droit, leur permettre d'informer par devant vous des faits y contenus, circonstances et dependances et pour l'information faitte et communiquée à M. le Procureur du roy estre sur ses conclusions pourvu de tel decret que vous jugerés bon être, pour ensuite être par les plaignants pris telles conclusions qu'ils aviseront avec depens, domages et interest, et feres justice.

J. Puydebois, Borie.

Tous les suppliants, sauf de Puydebois et Borie, ont déclaré ne savoir signer.

VACHOT, président ; BONNELYE ; CROZY, adjoint.

« Nous avons donné acte aux suppliants ici en personne de la presente requette en plainte assisté de sieur Jacques Bonnelie et de sieur Jean-Baptiste Croysy, adjoints, leur permettons d'informer des faits y contenus, leurs circonstances et dependances pour l'information faitte et communiquée etre statué ce que de droit.

« Fait à Tulle le 10 février 1790.

« AUDUBERT, lieutenant général criminel ;
BONNELYE ; CROZY.

« Scellé, vu à Tulle, le 13 février 1790.

« Reçu vingt-deux sous deux deniers.

« CHASTAING. (1). »

Voilà, pris entre mille, les faits reprochés par nos paysans aux nobles et bourgeois, soi-disant ennoblis, de l'époque.

Ces exactions, ces brutalités, ces abus des anciens privilèges, auxquels le régime monarchique et féodal avait eu recours, pour exploiter et opprimer le peuple, avaient aigri même nos paysans, encore si faciles à courber sous le joug seigneurial.

Certes, nous savons que tous les « privilégiés » n'agissaient pas comme le sieur L. D... de Cornil. Il y en avait qui étaient humains, qui parfois même compatissaient à la misère du travailleur de la terre, mais, il faut l'avouer, dans notre pays la plupart étaient indifférent ; et s'endormaient dans le *dolce farniente* et la jouissance que leur

---

(1) Arch. de la Corrèze, C. 2082.

procurait alors la fortune et la situation morale, supérieure, que s'était faite le « seigneur » propriétaire du sol.

La tyrannie des uns, aidée par l'insouciance des autres, avaient presque toujours raison de l'humanité de ceux qui s'apitoyaient sur le sort des campagnards. Mais le paysan, prévoyant qu'allait bientôt se briser la chaîne qui le rivait aux pieds du maître, voulut essayer sa liberté.

L'année 1789 venait de toucher à sa fin. Les *Droits et Devoirs de l'Homme* avaient été placés en tête de la Constitution établie par l'Assemblée constituante et cette nouvelle constitution avait été publiée dans nos campagnes.

Dès les premiers jours de janvier 1790, on s'occupait des élections à faire pour la nomination des Maires et Officiers municipaux. Ce fut avec grandes difficultés que la ville de Tulle et les environs parvinrent à former les corps municipaux.

Le 20 janvier 1790, dit le procès-verbal de la séance de vote, « d'après le dépouillement des différents scrutins, personne n'a réuni la pluralité absolue des suffrages. » (1).

Le lendemain, 21 janvier, après nouveau vote, le recencement général ayant été fait, « il a été veriffié et reconnu qu'aucun citoyen n'avoit obtenu la pluralité absolue des suffrages pour l'élection du maire et que M. de Lavaur de Vernejoux et M. Melon de Pradoux étaient les deux citoyens qui avoient obtenu la pluralité relative, en consequence il a été déclaré qu'il n'y avait pas d'election et les commissaires ont été chargés d'aller le declarer aux citoyens actifs des differents quartiers rassemblés, et de les avertir qu'il fallait proceder à un troisième scruttin,

---

(1) Arch. de la Mairie de Tulle, D. 1, V. 1, p. 31.

lors duquel ils voteront en faveur de l'un ou de l'autre des deux concurrents cy-dessus dénommés. » (1).

Enfin, par 248 voix, M. Melon de Pradoux fut élu maire contre 189 voix obtenues par M. de Lavaur de Verné-joux.

M. Melon de Pradoux fut sur le champ proclamé maire de Tulle « en presence d'une foulle d'habitants présents qui attendoint cette proclamation... et afin de rendre sa proclamation publique et solennelle sa nomination a été annoncée au son de la grand'cloche et au bruit du canon de la ville, ses fonctions demeurant suspendues jusques à la nomination des autres officiers et à la prestation de serment qu'ils doivent faire tous ensemble en presence de la commune ».

Le 22 janvier, nouvelle journée de vote, mais « MM. les commissaires des differents quartiers ayant remis sur le bureau les listes et résultats des differents quartiers et le recensement ayant été fait en leur présence il a été ve-riffié et reconnu qu'aucun citoyen n'avoit obtenu la plu-ralité absolue pour la place de procureur de la com-mune ».

Encore une fois il fallut voter et le résultat fut de nou-veau négatif, « aucun citoyen n'avait réuni la pluralité absolue des suffrages », mais MM. Brival, procureur du roi au siège présidial de Tulle, et Villeneuve, avocat à Tulle, avaient obtenu le plus de voix. — Un nouveau tour de scrutin devait décider entre ces deux concurrents : M. Brival obtint 235 voix contre 127 accordées à M. de Villeneuve.

M. Brival fut donc élu procureur de la commune.

Le 27 janvier se faisait le recensement général des trois

(1) Arch. de la Mairie de Tulle, D. 1, V. 1, p. 30, *verso*.

bureaux de vote, il fut « reconnu que M. Villeneuve, avocat, avait été nommé officier municipal à la majorité absolue, au second scrutin, et qu'au troisième scrutin MM. Laborderie, médecin, Sclafer de Chabrignac, avocat, Mesnager, prêtre, Lacoste, avocat, et Sudour, procureur, avaient recueilli la pluralité relative des suffrages.

Enfin le 30 janvier 1790 on pouvait compléter les élections par la nomination des 18 notables. Il fut « vérifié et reconnu que les citoyens qui avoint recueilli la pluralité relative des suffrages, par ordre de pluralité, étaient : MM. de Vernéjoux ; Rabanide, avocat ; le père Lanneau de Marey, préfet des théatins ; Vialle père, avocat ; Floucaud vieux, procureur ; l'abbé de Lacombe ; Leyx, fils aîné, lieutenant général de l'élection ; Saint-Priech de Saint-Aigne, avocat ; Borie, marchand ; d'Arche d'Ambrugeat ; Dufraysse-Devianne, conseiller au presidial ; Brossard, conseiller élu ; Darluc, ancien lieutenant général ; Chadebech aîné, bourgeois ; l'abbé de La Salvanie, chanoine ; Béril, bourgeois, ancien échevin ; Moussours, procureur au presidial, et Chaumont, feodiste, qui l'a emporté comme plus âgé, à égalité de voix sur le sieur Bonnelie aîné ».

Ainsi donc la nomination des membres de la municipalité et de la commune avait nécessité *dix tours de scrutin* et occupé une période de *dix journées*.

Entre temps, le 25 janvier, eut lieu une assemblée extraordinaire des officiers municipaux, des membres du Comité permanent et des officiers de l'Etat-major de la garde citoyenne, dans laquelle fut donné lecture d'une lettre de M. de Combret de Marcillac, lieutenant de maréchaussée, adressée au Comité de cette ville en date du même jour. Cette lettre était relative à une autre lettre portant la même date, adressée à M. de Combret de Marcillac par Mme Dubois de Saint Hilaire, baronne de Favars, desquelles il résultait « une réclamation pressante de la part de M. de Combret pour obtenir de la commune de Tulle des forces à opposer à une insurrection menaçante qui, depuis plusieurs jours, s'étoit faite ressentir au préjudice de plusieurs seigneurs et bourgeois des environs, et notamment dirigée contre les propriétés de madame de Saint-Hilaire, de la part des habitants de plusieurs paroisses du voisinage de celle de Favars (1). »

Il n'est pas hors de propos, avant de raconter les faits qui se passèrent à Favars, en 1790, de faire connaître cette seigneurie et les seigneurs qui la possédaient.

Le bourg de Favars est situé à environ 10 kilomètres de Tulle, sur la gauche du chemin vicinal de grande communication de Treignac à Brive, par Tulle.

Cette seigneurie est très ancienne, puisque le cartulaire de Beaulieu la mentionne déjà en l'an 897 (2). Elle fut aux Favars ; et à l'abbaye de Beaulieu qui en avait la suzeraineté, succédèrent les Malemort, au XIe siècle ; puis elle revint au monastère. Elle était aux Turenne au XIIIe siècle. — En 1287, dame Raymonde de Favars était prieure de l'ancien couvent de Derses, près de Saint-Hilaire-Peyrou (3). Au XIVe et XVe siècles, les seigneurs directs rendaient hommage soit à l'abbaye de Beaulieu (1402, par exemple), soit à Turenne (1334, 1672, etc.) (4).

Dès le Xe siècle ces seigneurs portèrent le nom du lieu. On trouve Gerald et Hugues de Favars en 993 et encore

---

(1) Archives de la Mairie de Tulle, D. 1, V. 1, p. 33.

(2) Deloche *Cartularium monasterii sancti Petri de Belloloci, lemovicensis diœcesis.* XIII, XIV, XV, CL, CLXX, CLXXXI et CXCIV.

(3) G. Clément-Simon. *Notice sur le Couvent de Derses.* Bull. archéol. de la Corrèze, 1889, p. 547 et s.

(4) Poulbrière, *Dictionnaire des Paroisses du Diocèse de Tulle.* V. 1, p. 499.

en 1422 un descendant : Jean de Favars, sieur de l'Es-
chamel, signant chez le notaire Pierre de Bourrelou (*de
Borrelonis*) (1).

La famille des de Favars s'éteignit, dans celle de
Saint-Exupéry-Miremont en 1483, rine de Favars, avec
par le mariage de sa dernière héritière limousine, Cathe-
Guillaume III de Saint-Exupéry-Miremont (2). Cette
dernière famille passa la seigneurie de Favars aux Bour-
bon-Malausse qui en 1729 la vendirent à la famille
bourgeoise des Mérigonde, ainsi que l'énonce l'acte
suivant :

« Entre messire Armand de Bourbon, comte de Malausse, faisant pour messire Louis-Auguste de Bourbon,
marquis de Malausse et de Miremont, comte de la Caze-
vabre, Viane, Gijonnet et Romairols, seigneur et baron
de Favars, mestre de camp du regiment d'Agenois, son
frère, auquel il promet faire approuver et ratifier les pré-
sentes conventions d'une part, et monsieur Jean-Baptiste
Mérigonde, seigneur de Murat, des Bordes et de La Geneste, a esté convenu que le seigneur comte de Malausse
fait vente pure et simple audit sieur Mérigonde de la terre
et seigneurie de Favars avec toute justice et directité,
moulins, étangs, prés et jardins, rentes que ledit seigneur
a droit de prendre dans les paroisses de Favars, Saint-
Mexens, Bar et Saint-Germain avec les dixmes infeodées
appartenant audit seigneur dans la paroisse de Saint-
Germain, moyennant le prix de quatre-vingt mille livres. » (3),

En septembre 1729, Jean-Baptiste Mérigonde, seigneur

---

(1) Arch. de la Corrèze. E. 208.
(2) Poulbrière. Dict. loc. c.
(3) Arch. de la Corrèze. E. 1155, pièce n° 100.

de Murat, entrepreneur général des fortifications du roi au département du Roussillon, demeurant en la ville de Perpignan, fit faire par Léonard Bussières, notaire royal de Tulle, « l'aveü et denombrement du fief, terre et seigneurie de Favars, relevant du roy à cause de sa couronne de France, en exécution de l'hommage par luy rendu à Sa Majesté le roy Louis quinze regnant en date du 14 septembre 1729 ».

Il déclare « tenir et posseder le fief de Favars relevant immediatement du roy nostre sire, consistant en un chasteau avec une grande tour ronde, une cour, un jardin, un pré, trois moulins et trois estangs, le tout situé dans le bourg de Favars ».

Les rentes foncières et directes et justice étaient aussi dues sur les tènements de Verouille, de Madur, de Pierrat, du Cour et prés sur l'Estang de la Poumerollie, de la Faurie, de la Bellye, de Salvies, des Bernards, de la Praderie, le Boysset, de Fonfessou, de Chaminade, du Mas, dont détail est donné pour chacun des dits tènements et qui forment ensemble ce qui suit :

Recapitulation de la rente dhüe sur le bourg et parroisse de de Favars, y compris les moulins :

Froment, mesure de Tulle, 12 cestiers 3 coupes.

Seigle,　　　id.　　　180 cestiers.

Avoine.　　　id.　　　94 cestiers 2 coupes.

　　Total : 286 cestiers 5 coupes.

Châtaignes, 9 ras 3 coupes.

Gelines, 35 et 1/4.

Argent, 18 livres 17 sols 3 deniers.

Journaux d'hommes, 6 et 1/2.

Journaux à bœufs, 1.

Œufs, 129.

　　Guetable à 3 sols par feu.

Plus luy est dhûe dans la parroisse de Saint-Meyxans en toutte justice, fondalité et directité sur les tènements de Peny, le Perier et la Gorse, de Laval et Janissou, de Laval-Ferier, le Tournier, le Champ, de Chastaigne, le Borry, le Monteil, la Chassaigne, les Bros, de Coutinaux et Montinaux, de Lamartinye, de Freyssinges, du moulin de Freyssinges, de la Borie qui donnait ce qui suit en total.

Recapitulation de la rente dhüe sur le bourg et parroisse de Saint-Meyxans a mesure de Tulle :

Froment, 10 cestiers.

Seigle, 208 cestiers eymine.

Avoine, 103 cestiers 3 ras.

    Total, 322 cestiers.

Chastaignes, 12 cestiers.

Gellines, 23.

Argent, 26 livres 19 sols 1 denier.

Journaux, 13.

Vinade, 3 livres.

Œufs, 80.

    Et le guet à 3 sols par feu.

Plus il lui est dheü de rente sur le bourg et parroisse de Saint-Germain-les-Vergnes et les tènements de la Rebeyrie, le Reboul, le Champ, le Bos Lavallade, le Prat et Maison del Trieux, de Vaur, de la Massonye, des Vergnes de Lascaus, de Verliac, de la Bachelerye, de las Borderias, le Rulier, la Salesse, Terradou, la Vallade, la Jarrige, lous Auyers, de Chabanel, dont voici le total :

Recapitulation de la rente dhüe sur le bourg et parroisse de Saint-Germain-les-Vergnes :

Froment, 20 cestiers 1 eymine 4 coupes 1/2.

Seigle, 131 cestiers 2 coupes.

Avoine, 92 cestiers 1 eymine et 1 ras et 1/2.

Gellines, 40.

Argent, 34 livres 1 sol 6 deniers.

Journaux d'homme, 6 1/2.

Œufs, 75.

Journaux à bœufs, 3.

Fouage, 10 sols.

   Guet, 3 sols par feu.

Plus est deü pour les dixmes infeodées dudit bourg et parroisse de Saint-Germain 160 cestiers à ladite m^sᵉ, plus ou moins, une année suportant lautre, et nota le cestier d'avoine est composé de trois ras et on paye la dixme un tiers en avoine.

Plus il est deü de rente à raison des fief et terre et seigneurie de Favars sur le village de Couzaing, parroisse de Bar, en toutte justice fondalité et directité à ladite m^sᶜ de Tulle :

Seigle, 24 cestiers 1 quarte

Avoine, 13 ras.

Gellines, 19.

Argent, 6 livres 9 sols.

L'acte porte enfin :

Que l'usage ordinaire du fief, terre et seigneurie de Favars, est de percevoir les droits de lods et vantes des acquisitions quy se font dans ladite terre a raison d'un sols par livre et une livre de cire lors que lacquereur vient de bonne grace porter son contrac d'acquisition au seigneur, si non le seigneur a droit a la rigueur de prendre cinq sols par escu. Au surplus declare tenir et posseder ledit phief en consequence de la polisse de vante faitte par messire Armand de Bourbon, comte de Malauze, rattifiée par maître Louis-Auguste de Bourbon, marquis de Malauze, en datte du septieme aout mil sept cent vingt six. (1).

Et si nous récapitulons le tout, nous voyons que la seigneurie de Favars prélevait :

Froment, 43 setiers 1 coupe 1/2.

Seigle, 543 setiers 10 coupes.

---

(1) Arch. de la Corrèze. E. 1155, pièce nᵒ 92.

Avoine, 290 setiers 6 coupes.

Chataignes, 16 setiers 1 ras 3 coupes.

Gellines, 117 et 1/4.

Argent, 85 livres 17 sols 9 deniers.

Journaux d'hommes, 26.

    —   de bœufs, 4.

Œufs, 284.

Vinade, 3 livres.

Fouage, 10 sols.

    Guet, 3 livres par feu.

Le rapport en argent de l'époque, 1729 à 1789 (1), peut être évalué à :

Froment, à 5 livres 3 sols et 6 de-
niers le setier . . . . . == 222 l. 19 s. 6 d.
Seigle, à 3 l. 18 s. le setier . == 2.117 l. 14 s. 0 d.
Avoine, à 3 l. 2 s. le ras . . == 1.798 l. 0 s. 0 d.
Châtaignes, à 2 l. 10 s. le setier == 41 l. 17 s. 5 d.
Gelines, à 6 s . . . . . . == 35 l. 2 s. 3 d.
Argent . . . . 85 l. 17 s. 9 d.
Journaux d'hommes, à 6 s . == 7 l. 16 s. 0 d.
    — de bœufs, à 18 s. . == 3 l. 12 s. 0 d.
Œufs, à 6 s. les 25 . . . . == 3 l. 8 s. 0 d.
Vinade . . . . 3 l. 0 s. 0 d.
Fouage . . . . 0 l. 10 s. 0 d.
Guet (approximatif) . . . . . 60 l. 0 s. 0 d.

C'était donc un revenu total de . . 4.379 l. 16 s. 11 d.

Nous avons voulu donner ces documents afin que nos lecteurs aient toutes facilités pour bien connaître une

---

(1) Suivant le tableau que nous avons donné dans notre Monographie de la commune de Naves.

situation seigneuriale dominante en notre pays du Bas-Limousin, au moment où vont se dérouler les évènements révolutionnaires.

C'était une des filles de Mérigonde, mariée à un sieur Dominique Dubois, chevalier,. seigneur baron de Saint-Hilaire, Favars, Chameyrac, Saint-Germain-les-Vergnes, Saint-Mexant et autres lieux qui possédait la seigneurie à cette époque (1).

Reprenons notre récit et voyons pourquoi, le 24 janvier 1790, le commandant de la maréchaussée faisait appel à la municipalité de Tulle et lui demandait main-forte.

Des gens malintentionnés avaient projeté de pêcher l'un des étangs de Favars, et le dimanche 24 janvier 1790, ils s'étaient rendus sur la chaussée de l'étang de Lachamp pour mettre leur projet à exécution. C'était l'heure de la messe à Saint-Germain, comme à Favars, et les militants des environs s'y rendaient. En passant par Combroux, voyant quelques personnes sur la chaussée de l'étang de Lachamp, ils s'y arrêtèrent. Un groupe se forma qui bientôt devint un rassemblement, tant sur les bords de l'étang que sur la chaussée elle-même.

Mme la baronne de Saint-Hilaire qui était, avec son frère, à son château de Favars, se croyant menacée dans ses possessions, fut prévenue dès le matin et dépêcha à Tulle pour obtenir l'assistance de la maréchaussée.

A dix heures du matin la gendarmerie à cheval était arrivée et se trouvait en présence d'un attroupement d'hommes et de femmes en habits des dimanches. Les hommes étaient porteurs de bâtons, comme l'étaient toujours nos paysans autrefois, coutume qui d'ailleurs n'est pas encore complètement perdue. Quelques-uns avaient

---

(1) Arch. de la Corrèze, B. 1803.

des fusils, d'autres des pelles et des pioches qui devaient leur servir pour ouvrir l'étang ; d'autres enfin avaient des filets pour pêcher le poisson. Il est certain que, pour quelques-uns, le but du rassemblement était d'ouvrir et pêcher l'étang, d'autres, et c'était assurément les plus nombreux, étaient là par simple curiosité.

Aussitôt arrivée, la maréchaussée, sans aucune sommation, chargea cette foule qui essaya vainement de résister. Les cavaliers, arrivant par les deux côtés de la chaussée, refoulèrent les paysans dans les bois avoisinant l'étang. — Quelques hommes, armés de fusil, couchèrent en joue les gendarmes, dit-on, mais la poudre seule brûla sur les bassinets de ces vieux fusils à pierre. *Pas un coup de fusil ne fut tiré.* Les paysans se bornèrent à pousser des cris et à invectiver les gendarmes qui, par une dernière charge, dispersèrent le reste de l'attroupement. La gendarmerie arrêta dix-huit paysans, la plupart jeunes gens de 14 à 25 ans, qui furent conduits à la prison de Tulle.

Les paysans, chargés par la cavalerie, n'avaient pu résister, mais aussitôt dispersés et arrivés à Saint-Germain, ils mirent les cloches en branle, sonnèrent le tocsin. Le sinistre appel fut entendu et, pendant la nuit, les coups répétés des cloches de Saint-Germain, Favars, Chameyrac et Saint-Hilaire appelèrent les paysans de toute la contrée.

Dès le lendemain au matin, un véritable attroupement, cette fois-ci, se formait à Favars.

Nous venons de voir que sur une demande écrite par Mme de Saint-Hilaire, M. de Combret, commandant la maréchaussée de Tulle, réclamait main-forte à la municipalité de la ville.

Voici le procès-verbal de cette affaire que nous relevons sur le *Registre pour servir aux délibérations généralles de la commune, en maison de ville de Tulle, capitalle du Bas-Limousin* (1) :

Aujourd'hui vingt-cinq janvier mil sept cent quatre-vingt-dix, dans la maison commune et dans l'assemblée extraordinaire tenue par messieurs les officiers municipaux, membres du Comité permanent et officiers de l'Etat-Major, à l'heure de neuf du matin...

Il a été résolu, en accedant à la demande de M. de Combret, de lui envoyer un détachement composé de 80 à 90 hommes de notre garde nationale.

En conséquence, après avoir fait assembler les compagnies de cette garde chacune dans leur district, il en a été pris huit de chaque compagnie outre les officiers qui les commandent qui se sont rendues auprès de mondit sieur de Combret avec plusieurs autres citoyens de ladite garde, lequel détachement, commandé par M. Leyx de Nussanes, garde du corps d'Artois, arrivé au lieu de Favars, s'est réuni à la troupe de cavalerie commandée par ledit sieur de Combret et s'est mise en ordre de deffense pour repousser et tacher de dissiper environ quatre cents habitants de la campagne attroupés avec armes et batons dans l'intention d'exécuter leurs coupables desseins, lesquels au moment que le sieur de Combret s'approchait d'eux pour leur demander la remise de leurs armes lui répondirent par une decharge d'armes à feu, circonstance critique et forcée qui a déterminé les forces réunies de la ville de Tulle à faire feu sur les brigands, ce qui a engagé une action dont il est résulté plusieurs morts et blessés du côté des insurgents. Et du côté des citoyens de cette ville et cavaliers de maréchaussée, le sieur de Combret leur chef a été grièvement blessé à la tête et à un bras, M. de Lamirande, ancien gendarme, capitaine commandant d'une des compagnies de la garde citoyenne, blessé à la lèvre inférieure d'un coup de fourche de fer, M. de Fénis de Labrousse, brigadier des gardes de monsieur, a été blessé à la poitrine d'un coup de fourche de fer, et le

---

(1) Arch. de la Mairie de Tulle, D. 1, V. 1, pp. 33 et 34.

sieur Monteil, citoyen de la compagnie de Lamirande, blessé à la tête, ensuite au bras d'un coup de sabre, dont la première blessure parait très dangereuse.

Cette troupe de paisans s'étant dissipée par cette vigoureuse résistance de la part des citoyens de la ville de Tulle et des brigades de maréchaussée, ceux-ci ont arrêté huit de ces insurgents qu'ils ont traduit dans nos prisons.

Après quoi il a été deliberé, sans deplacer, vu les dangers menaçants auxquels les citoyens de cette ville et propriétaires des campagnes du voisinage etaient exposés et vu l'urgence du cas, qu'on demanderait à M. l'Intendant du Limouzin et à M. le Commandant du régiment de cavalerie qui est en garnison à Limoges cent hommes de ce regiment pour venir au secours de cette ville et campagnes voisines et y retablir le bon ordre et la tranquilité publique.

A cet effet, il a été fait deux lettres souscrites des officiers municipaux, conseillers politiques et officiers de l'Etat-Major, l'une à M. l'Intendant du Limouzin et l'autre à M. le Commandant du susdit regiment tendantes à obtenir ladite reclamation.

Fait à Tulle ledit jour, mois et an que dessus (25 janvier 1790).

> Duclaux, lieutenant de maire ; l'abbé Grandchamp ; d'Arche ; Leyx ; Floucaud de la Penardille ; Sastelon ; Seilhac ; Lacombe du Roussel fils ; Charain, échevin ; Borderie de Vernejoux ; Duchier, orfèvre ; Pranchère ; Brossard ; Floucaud ; Brival ; Sudour, échevin.

Le procès-verbal ci-dessus énumère les blessures reçues par les soldats de la maréchaussée et les hommes de la garde citoyenne, mais il ne parle pas des morts ni des blessés parmi les paysans. Combien y eut-il de ces malheureux tués ou mortellement blessés ? Officiellement, on déclarait deux morts le 24 janvier, et quatre autres le 25, au total six.

Est-ce le chiffre exact ? nous ne saurions le dire, mais

il est probable qu'il y en eût un plus grand nombre, et que quelques autres succombèrent encore à la suite de leurs blessures.

On a écrit que le nombre des victimes de ces deux journées, du côté des paysans, atteignait le chiffre de trente !

Vraiment, nos paysans payaient cher le poisson qui nageait encore dans les eaux de l'étang de Mme Dubois, baronne de Saint-Hilaire, Favars et autres lieux !

A ce moment précis, la population était très divisée dans ses opinions politiques. Sans être exactement défi-nis, deux partis mesuraient leurs forces respectives, nous l'avons vu par l'indécision des Tullois à nommer des re-présentants à leur municipalité.

Ces deux journées des 24 et 25 janvier furent un poids énorme jeté dans la balance : la population tulloise fut attristée. On mettait un nom honorable sur chaque ca-davre de Favars, tous étaient connus à Tulle, et ce fut dans un sentiment unanime de pitié que les artisans de Tulle déplorèrent les évènements de Favars.

Quoi qu'ai pu écrire là-dessus, dans un esprit de parti outré, un représentant de l'ancienne noblesse, il est cer-tain que les Tullois n'étaient pas hostiles aux campagnards et nul autre que lui n'aurait trouvé cette phrase « que de » tout temps les artisans de la ville de Tulle ont vécu » avec les habitants des campagnes environnantes dans » un état voisin de l'hostilité ».

Plus fausse est encore sa relation disant que « l'expé-» dition de Favart avait entraîné une grande partie de la » population, avide de voir donner une leçon aux paysans » et de profiter de la victoire » (1).

---

(1) *La Révolution en Bas-Limousin*, p. 123.

M. Victor de Seilhac, détestant le paysan, prêtait ses sentiments aux artisans de Tulle. — Mais nous, qui en sommes issu, savons bien qu'ils en avaient de meilleurs.

Le Tullois gai, moqueur, éprouve quelquefois le besoin de plaisanter les campagnards des environs, mais il est absolument incapable de leur nuire ; incapable de haine surtout et, somme toute, ces artisans de Tulle incriminés par M. le comte ont toujours vécu et vivent encore en parfaite intelligence avec les travailleurs de la terre, nous pourrions en donner maintes preuves.

La population de la ville, inquiète, commentait les faits des journées des dimanche et lundi. Réunie dans les divers quartiers, elle s'apitoyait sur le sort des malheureux massacrés à Favars. Les autorités redoutaient l'arrivée à Tulle des paysans venant délivrer les prisonniers. Il n'y eut pourtant pas d'incidents, sauf l'arrestation d'un nommé Durieux, tambour-major de la garde nationale de Brive, venu à Tulle dans la journée. Cette arrestation eut lieu sur la dénonciation de M. de Lamaze, propriétaire du château de Roffignac, qui accusait Durieux d'être l'instigateur du pillage du château d'Allassac, qui avait eu lieu le 24 janvier.

Donnant satisfaction à cette plainte, le 26 au soir, l'autorité fit emprisonner Durieux. Les prisons de Tulle étant insuffisantes, vu le grand nombre d'arrestations opérées depuis peu de jours, Durieux fut placé provisoirement dans une chambre voûtée, au rez-de-chaussée du collège (1).

Le 30 janvier, une députation, envoyée par la commune de Brive, venait réclamer la mise en liberté de Durieux. Voici la délibération prise à ce sujet (2) :

---

(1) Arch. de la Mairie de Tulle, D. 1, V. 1, p. 44.
(2) Archives de la Mairie de Tulle, D. 1, V. 1, p. 34.

Dans l'assemblée de la Municipalité, du Comité permanent et de l'Etat-Major de la ville de Tulle, extraordinairement convoqué, lecture faite d'une lettre de MM. les Membres du Comité et de la milice nationale de la ville de Brive, du vingt-huit de ce mois, en reponse a celle que leur avait adressée la Municipalité et le Comité de Tulle à l'occasion de la detention du sieur Durieux, tambour major de la milice de Brive. Communication prise de la deliberation de la susditte ville de Brive, au même sujet ainsi que de celle qui a pour objet d'interesser la Municipalité et le Conseil politique auprès de messieurs les Juges qui doivent prononcer sur le sort des prisonniers fait par M. le Prevôt de la Marechaussée à Favars les 24 et 25 du courant à l'effet de suspendre le jugement jusqu'à ce que l'Assemblée nationale aura été consultée et ouï MM. le comte de Cosnac, de la Bastille, Desaillac, Serre, médecin, et Martin l'ainé que la commune de Brive a bien voulu nous envoyer pour réclamer en son nom ledit sieur Durieux avec offre et promesse de le represanter si, contre son attente, il etoit reconnu coupable. Le tout murement examiné et avec tout l'interêt que peut inspirer une ville qui s'est toujours distinguée par son patriotisme, ses lumières et ses sentiments de fraternité dont elle nous a donné des preuves non équivoques, il a été unanimement délibéré : 1° que la ville de Tulle se fairoit dans tous les temps un devoir de donner à celle de Brive des témoignages de fraternité et de dévouement et que messieurs les Députés seraient priés de lui exprimer le désir qu'elle a de se preter en cette occasion comme en toutes celles qui se présenteront, à ce quelle demande et avec quel empressement elle lui en auroit donné des preuves si les circonstances actuelles ne s'y opposoient, que dailleurs M. de Lamaze ayant fait en même temps une denonciation contre le sieur Durieux entre les mains de M. le Procureur du roi, la Marechaussée, la Municipalité et le Comité permanent n'etoient plus les maitres de disposer du sieur Durieux ; 2° qu'il ne dependoit pas de la Municipalité de Tulle d'acceder à la demande qui concerne les prisonniers de Favars, que messieurs les Députés seroient priés de temoigner à messieurs leurs commetants toute la bonne volonté de nos citoyens d'adoucir le sort de ces malheureux, et qu'on desire bien ardament les voir se justiffier.

Fait et arrêté dans la chambre du Comité permanent de la ville de Tulle, le trente janvier mil sept cent quatre-vingt-dix, à onze heures du matin.

> Duclaux, lieutenant de maire ; Darcambal ; Leyx, lieutenant général en l'élection ; Seilhac ; Borderie ; de Vernejoux ; Sastelon ; Sudour.

Ce même jour la nouvelle municipalité de la ville de Tulle prêtait le serment de « maintenir de tout leur pouvoir la Constitution du royaume, d'être fidèle à la nation, à la loi et au Roi et de bien remplir leurs fonctions ».

Il est à remarquer que pas un seul des signataires ci-dessus ne faisait partie de cette nouvelle municipalité qui était composée de :

Maire : M. Meion de Pradoux, avocat du roi au présidial ;

Officiers municipaux : MM. Villeneuve, avocat ; Laborderie, médecin ; Sclafer de Chabrignac, avocat ; Mesnager, prêtre ; Lacoste, avocat ; Meynard, bourgeois ; Faugeyron, avocat, et Sudour, procureur ;

Procureur de la commune : M. Brival, procureur du roi au Présidial de Tulle.

Dès ce jour, M. le comte de Cosnac et les autres députes de la commune de Brive ayant échoué dans leurs projets, deux partis bien tranchés se formèrent à Tulle, Brive et Uzerche, l'un réclamant la liberté de Durieux et des prisonniers de Favars, l'autre demandant une sévère punition pour tous.

La ville de Brive envoya une députation extraordinaire à la commune de Paris, afin de l'intéresser au sort des prisonniers de Favars, en même temps qu'à celui de Durieux, et obtenir son intervention auprès de l'Assemblée nationale.

Cette démarche ne fit qu'aggraver la situation, comme nous le verrons plus tard.

Le Conseil général de la commune de Tulle, réuni le 2 février, décida d'envoyer une adresse à l'Assemblée nationale pour lui « renouveler les sentiments respectueux de la commune et l'assurer, en même temps, de la plus exacte fidélité à faire exécuter ses décrets ». Il fut aussi décidé qu'on rendrait compte, à cette même Assemblée nationale, des insurrections qui avaient eu lieu dans les environs de la ville depuis l'affaire de Favars ; enfin de l'arrivée, à Tulle, d'une compagnie du régiment de Royal-Navarre-cavalerie et surtout de l'arrestation et détention du sieur Durieux.

Dans la crainte d'insurrection nouvelle et craignant l'arrivée à Tulle des paysans de Saint-Germain, Favars, Sainte-Féréole, Saint Hilaire, Venarsal, etc., qui, disait-on, voulaient délivrer les prisonniers, le Conseil ordonna en outre à l'Etat-major de la place et au commandant du Royal Navarre-cavalerie « de disposer un plan de défense en cas d'insurrection contre la ville », et conclut en disant « qu'il seroit bien que MM. les Officiers commandant le régiment prissent les précautions nécessaires pour engager MM. les fusiliers à mettre leurs armes en état. »

Dans cette même séance, il fut décidé qu'en présence de « la crise désolante où se trouve la province, crise dont la cause ne doit être attribuée qu'à l'erreur et au prestige que les ennemis de la Révolution répandent parmi les paysans qu'ils trompent grossièrement en supposant de faux décrets et des ordres qui n'ont jamais existé », il serait adressé une lettre-circulaire, imprimée, à MM. les

Curés, leur demandant d'employer leur ministère pour désabuser leurs paroissiens et les éclairer sur leurs véritables intérêts.

La municipalité de Brive écrivit à celle de Tulle, lui faisant part d'une délibération prise par son comité, afin de former une coalition et entretenir une correspondance journalière entre les villes de Tulle, Brive et Uzerche. Le Conseil général de Tulle répondit qu'il pensait « que rien n'était plus utile dans les circonstances actuelles qu'une réunion des forces et des moyens de toutes les villes des quatre districts du Bas-Limousin pour le rétablissement de l'ordre, de la tranquillité publique et de la conservation du droit sacré de la propriété. » Il fut arrêté que cette délibération serait envoyée à toutes les municipalités des districts de Tulle, Brive, Uzerche et Ussel.

La ville d'Ussel envoya trois députés à la municipalité de Tulle, MM. Demichel de Saint-Dizery, colonel, Augustin de Ponthe de Marel, lieutenant-colonel, et Marc-Antoine Mari du Colombi, major de la garde nationale, qui déclarèrent, selon le procès-verbal de la séance :

Instruits que nous étions menacés de dissensions dans notre sein, ils ont voulu s'en assurer pour venir à l'instant à notre secours, en cas de besoin. Ils nous ont renouvellé les sentiments de fraternité dont cette ville n'a cessé d'éprouver les bons effets. Tous les membres du Conseil ont été pénétrés de sensibilité d'une demarche aussi flateuse et qui favorise aussi ouvertement l'union et l'accord le plus parfait qu'on a toujours amb.tionné avec les messieurs de la Montaigne. En conséquence on a temoigné à messieurs les députés les remerciements de la part de la commune en les priant de concourrir et correspondre en toutes circonstances avec notre ville qui sera toujours disposée à maintenir les liens déjà formés d'une association entière avec des citoyens qu'elle regar-

dera comme les siens propres et comme des frères. Au surplus a
été arrêté que copie de la presente deliberation seroit remise à
messieurs les Députés d'Ussel.

Le lendemain, 3 février, il fut donné lecture au Conseil
général d'une lettre que M. Ludière, un des députés de
Tulle à l'Assemblée nationale, a tressait à MM. les Curés
pour les exhorter à donner connaissance aux habitants de
la campagne des véritables intentions de l'Assemblée nationale et leur dire combien les insurrections qui s'y manifestaient contrariaient ses vues bienfaisantes. Le Conseil
décida : « Qu'on ne sauroit prendre assez de précautions
pour procurer aux campagnes la tranquilité dont elles
sont privées par les menées de personnes mal intention-
nées et ennemies du bonheur public et que la lettre de
M. Ludière ne peut qu'opérer un bon effet ; il a donc arrêté que cette lettre seroit transcrite sur les registres,
livrée à l'impression et ensuite envoyée partout ou besoin
sera. »

Les prisons de Tulle, à ce moment, regorgeaient de
détenus et le Conseil de la commune fut obligé de rechercher les moyens les plus propres à loger tous ces gens
arrêtés, peut être un peu trop à la légère, ce qui en
augmentait journellement le nombre. Sur la représentation qui lui en fut faite, le Conseil reconnut que : « Le
nombre des prisonniers étant considérable, ils ne pouvoient pas contenir dans les prisons ordinaires de cette
ville, qu'on avoit été forcé de les disperser en plusieurs
endroits et d'y établir des corps de garde pour veiller à
leur sureté, qu'on en avoit aussi établi à la prison ordinaire vu le nombre des prisonniers et l'insuffisance du
geaulier pour les contenir, que cette augmentation de
service fatiguoit singulièrement notre garde nationale,
qu'il étoit urgent de remédier à cet inconvénient. Il a été

delibéré que les prisonniers seroient réunis dans les prisons ordinaires et dans celles qu'on a préparées au collège. Et que, pour soulager le service de notre garde nationale, il seroit établi quatre particuliers dans les prisons ordinaires pour veiller à la sureté des prisonniers, et qu'il en seroit etabli quatre avec un guychetier au college et que la municipalité prendroit les moyens convenables pour que les frais fussent à la charge du Roy, et qu'en attendant elle payeroit ces gardes à raison de vingt cinq sols par jour et le guichetier à raison de trente sols (1) ».

Mais le temps s'écoulait et les 24 hommes arrêtés à Favars étaient sous les verrous.

M. Combret de Marcillac, lieutenant de la maréchaussée de Tulle, fit son rapport sur l'arrestation de ces hommes. M. Brival, procureur du roi, reçut la plainte et donna l'ordre d'informer. M. Delbos, chirurgien, visita les blessés et fit son rapport technique. Les prisonniers furent interrogés le lendemain de l'affaire, 26 janvier, et quelques témoins furent appelés les 26 et 27.

Des requêtes en faveur des accusés, ainsi que des certificats de bonne vie et mœurs, signés par les principaux habitants de la paroisse de Saint-Germain, furent présentés à la justice.

Enfin les 26 accusés furent traduits devant le tribunal prévôtal siégeant à Tulle.

Nous avons pu retrouver presque tous les interrogatoires subis par les accusés en séance publique du 19 février 1790, nous les donnons ci-après avec la formule de l'époque (2) :

---

(1) Arch. de la Mairie de Tulle, D. 1, V. 1, p. 37, *verso* et 38.
(2) Arch. de la Corrèze. B. 2082.

Aujourdhuy dix neuf février mil sept cent quatre-vingt-dix, dans l'auditoire du siège presidial criminel de la ville de Tulle, par devant nous Joseph Audubert, seigneur du Theil, conseiller du Roi et son lieutenant criminel audit siège, en présence de MM. Dufraysse Devianne, de Bourguet, de M. Gilibert de Merlhac, prévôt général de la maréchaussée, Loyac de la Sudrie, Duclaux, Serre de Bazaugour, de Braconac, conseiller, et d'après le rapport de la procedure instruite contre le nommé Jean Vaujours, accusé d'attroupement, et les conclusions du procureur du Roi, il a été procedé au dernier interrogatoire dudit Vaujours, le tout en l'audiance publique, et en presence de Mc Servientis, avocat dudit accusé, ainsi que s'ensuit.

Interrogé sur son nom, surnom, age, qualité et demeure?

Repond s'appeler Jean VAUJOUR, agé d'environ vingt-un ans, charpentier, natif du village de la Meyzonnade, paroisse de Saint-Hilaire.

Interrogé s'il a participé ou assisté à la plantation du may à Saint-Hilaire ?

Repond que le may avait été planté quatre ou cinq jours avant qu'il en fut iustruit.

Interrogé s'il connaît les auteurs des attroupemonts devenus si frequents dans les paroisses de Saint-Hilaire, Saint-Germain, Venarsal et Sainte-Ferreole ?

Repond et denie ledit intorrogatoire.

Interrogé s'il n'aurait pas été du nombre des particuliers qui étoient assemblés à l'étang de Favars le vingt quatre du mois de janvier dernier ?

Repond qu'il etoit seul le jour dit à l'étang de Favars, et qu'il y fut arrêté étant à la distance de plus d'un quart de lieue dudit étang.

Interpellé de nous dire si lors de son arretement il etoit muni de quelque arme ?

Convient le repondant d'avoir un fusil sous le bras.

Luy a été représenté qu'il s'écarte de la vérité, puisque plusieurs temoins attestent, et luy ont soutenu, qu'il étoit un des particuliers qui avoit visé un des cavaliers, et qu'il avait été un des plus mutins et un des plus acharnés à se défendre ?

Repond que c'est bien injustement qu'on luy impute de tels faits, puisqu'il ne resista pas lorsqu'on l'arretta.

Requis encore d'avouer si son fusil n'avoit pas brulé l'amorsse dans l'instant qu'on le saisissoit ?

Repond qu'il a cy devant dit la vérité.

Lecture à luy faite du présent interrogatoire, a dit ses reponses contenir verité, y persister n'y vouloir ajouter ny diminuer et n'a sçu signer de ce requis.

> AUDUBERT, lieutenant criminel.
> DUCLAUX, conseiller rapporteur
> SARGET, greffier-commis.

La même formule que ci-dessus précède l'interrogatoire de Jean SICARD, âgé d'environ cinquante ans, laboureur, originaire du village de Charget, paroisse de Saint-Germain, y habitant.

Avons demandé à l'accusé le motif qui l'avoit conduit à Favars dans la matinée du vingt cinq du mois de janvier dernier ?

Repond qu'ayant entendu sonner le beffroit à Favars ledit jour, il s'y etoit rendu dans l'intention de donner du secours à la dame du lieu, et déclare qu'aussitost qu'il y fut arrivé il fut se cacher devant la porte de l'eglise.

Interrogé si reellement il s'etoit mis en etat de defendre ladite dame, ou s'il etoit dans des dispositions contraires, et s'il etoit nanti de quelque arme ?

Repond qu'il vouloit veritablement prêter du secours à la dame de Favars, et qu'il etoit sans aucune intention contraire.

Luy a été remontré que ses réponses ne sont pas sincéres, puisqu'au lieu de donner du secours à ladite dame, il vient de nous dire qu'il s'étoit caché.

Repond que sans contrarier ce qu'il a ci devant dit, il auroit reellement voulu donner du secours à la dame de Favars, mais qu'ayant vu tant de monde contre elle, il avoit pensé qu'il ne pouroit pas lui être d'une grande utilité, et que c'étoit le motif qui l'avoit engagé à se refugier près la porte de l'église.

Interpellé de dire si pendant la sedition de Favars il ne s'étoit pas procuré un fusil ?

Repond qu'après la cessation de l'action, il avoit pris un fusil à côté d'un cadavre, et ajoute qu'il étoit encore courbé pour prendre ce fusil lorsqu'il fut arreté par un cavalier.

Interrogé s'il n'avoit pas visé le cavalier qui le saisit avec le fusil.

Repond et denie ledit interrogatoire.

Luy avons représenté qu'il ne dit pas la verité, puisqu'il lui a été reproché à la confrontation d'avoir couché en joue le cavalier qui l'avoit arreté, et que la morche avoit été brulée.

Repond n'avoir point visé ledit cavalier, et il affirme que la morche n'avoit point brulé, puisque le dit cavalier luy-même a fait tomber la poudre du bassinet du fusil qu'il luy avoit arraché.

Interrogé s'il n'a point fait de resistance lorsqu'il a été arrêté ?

Repond que non.

Interrogé si dans cet instant ne survinrent pas plusieurs personnes de la garde nationale qui voyant qu'il faisait beaucoup de résistance luy donnèrent quelques coups de crosse de fusil dans les reins ?

Repond que dans cet instant personne ne le frappat, mais qu'à la vérité lorsqu'on l'attacha dans le chateau, quelqu'un luy donna un coup de crosse de fusil dans les reins, sans que cependant il fît aucune résistance.

Antoine Dupeyroux, laboureur, est agé d'environ seize ans, habitant du village de Brenat, paroisse de Saint-Hilaire.

Interrogé s'il avait aidé à planter le mai en la paroisse de Saint-Hilaire et s'il connaît les particuliers qui avoient le plus d'influence dans cette assemblée ?

Repond qu'il n'a point aidé à planter le may, quoiqu'il fut present, et qu'étant nuit, il ne put distinguer dans la foule que le nommé Vergne du bourg de Saint-Hilaire, et le sieur Chouchet aussi du bourg.

Luy a été representé qu'il n'étoit pas croyable qu'il n'eut connu que ces deux particuliers, luy repondant étant domicilié de la paroisse et present à la plantation du may.

Repond que l'obscurité de la nuit l'avoit empêché d'en remarquer d'autres.

Interpellé de dire si le jour de l'entreprise formée pour pescher et détruire l'étang de Lachamp, il n'avoit pas visé avec son fusil un des cavaliers qui etoient à sa poursuite et s'il ne s'étoit pas defendu avec opiniatreté avant de rendre son fusil ?

Repond que ledit jour quoiqu'il eut un fusil, il n'avoit couché en joux personne et avoir remis de bonne grace son fusil au cavalier qui le saisit.

Luy avons representé qu'il cherche à en imposer à la justice puisqu'un de l'information luy a soutenu que luy accusé est un des particuliers qui l'avoit couché en joux ?

Repond que le temoin dont il est parlé s'est trompé, puisque, comme il la déjà dit il n'avoit couché en joux personne, et que dailleurs il n'avoit été arreté que par un particulier qui n'etoit pas de la brigade.

Interrogé s'il a connu quelqu'un dans la troupe des paisans assemblés sur l'étang ?

Repond qu'étant à la distance de la portée d'un fusil, il n'avoit pu distinguer personne, et qu'étant avec le nommé Petit du lieu de Belair, paroisse de Saint-Hilaire, ils continuaient leur chemin vers l'étang pour se rendre à Favars.

Jean BONNET est agé de trente ans ou environ, laboureur du village de Sourzac y habitant, paroisse de Saint-Hilaire.

Interrogé s'il avoit connaissance du projet de destruction de l'étang de Favars avant le dimanche vingt-quatre janvier dernier, jour indiqué pour cette operation ?

Repond n'en avoir absolument été instruit.

Interpellé de dire à quel dessein il se rendit à cet étang avec un baton ferré d'un accroc, et quel usage il vouloit en faire ?

Repond qu'il l'avoit pris uniquement pour se garantir de quelque insulte ou mauvaise rencontre.

Requis de nous declarer s'il connut aucun des chefs de l'attroupement qu'il trouva autour de cet etang et requis de nous en dire le nom ?

Repond n'en avoir connu aucun.

Luy avons demandé si quelques jours avant le vingt-quatre du mois de janvier dernier il ne se seroit pas trouvé dans quelque autre assemblée et s'il n'auroit pas assisté à des pesches d'etangs ?

Repond et denie lesdits faits.

Pierre Minatte, âgé de trente-quatre ans, travailleur de terre, natif du bourg de Saint-Germain, et demeurant actuellement au lieu de Rozier, paroisse de Sainte-Ferreolle.

Interrogé si en s'exposant à aller à l'etang de Lachamp, avec un achereau sous le bras, il n'auroit pas invité deux menuisiers qu'il rencontra devant les nouveaux bâtiments du sieur Arnaudie á venir avec luy à cette pesche ?

Repond qu'il n'a point excité les deux particuliers designés à venir avec luy audit étang, mais bien avoir rencontré cinq ou six personnes qui entendant sonner le beffroit à Favars, se rendirent audit lieu et y precedèrent le repondant et les deux menuisiers. Ajoute qu'il vouloit se servir de son achereau pour couper du bois pour son service.

Interrogé s'il fut en voiture audit etang, et s'il n'étoit pas dejá positivement instruit qu'on devoit en faire la pesche, et en demolir la chaussée ?

Repond qu'à l'issue de la première messe de Sainte-Ferreole, il avoit appris qu'on avoit ouvert l'etang, et qu'il s'y rendit en effet sur un coté de la chaussée près les cleaux. Et qu'il n'avoit remarqué que deux particuliers sur la chaussée de l'etang, desquels il ne reconnut que le nommé Vacher de la paroisse de Cornil.

Interpellé de dire sans détours s'il n'étoit pas absolument instruit du jour pris pour la démolition de la chaussée de l'etang et s'il ne connoit pas les auteurs de ce projet ?

Repond et denie ledit interrogatoire, en s'expliquant cependant qu'il entendit dire que le dimanche matin, sans savoir par qui,

qu'on avoit ouvert un etang appelé de la Rue situé dans la paroisse de Sadrot, et que egalement on avoit ouvert celuy de madame de Saint-Hilaire.

Requis de nous dire s'il connoit aucuns de ces maîtres pescheurs ?

Repond et denie ledit interrogatoire.

Luy avons demandé si arrivé aux claux de l'etang de Lachamp,
il n'auroit pas apperçu de l'autre côté de l'étang quelqu'autre
particulier ?

Repond que non.

Luy avons representé qu'il ne dit pas la verité, puisqu'il a ci
devant avoué avoir apperçu au lieu désigné le nommé Chouchet
en conference avec des paisans.

Repond et convient y avoir remarqué un particulier qui parloit
à des paisans, lequel on luy nomma Chouchet, sans le connoître
autrement. Et ajoute que du nombre de ces derniers particuliers
qui avançaient vers la chaussée il n'avoit reconnu que Leonard
Mouly prisonnier detenu avec luy qui repond.

Avons representé au repondant qu'il ne nous dit pas la vérité
puisque étant sorti de chez luy avec sa hache pour aller couper du
bois, puisqu'il seduisit deux jeunes gens au sortir de Sainte-
Ferreole pour venir avec luy.

Repond qu'au sortir de chez luy, et s'étant rendu avec sa hache
pour couper du bois du coté de chez le nommé Arnaudie, et ayant
fait rencontre des nommés Lavialle et Jacques Pascal, menuisier,
et sur le bruit du tocsin qu'ils entendirent ils firent le complot de
se rendre du côté de Favars.

Leonard Mouly est âgé de trente-deux ans, journalier, habitant du village de Vaujours, paroisse de Sainte-Ferreole.

Interrogé si sous le prétexte d'aller chercher la fouine, sa véritable intention n'etoit pas d'aller aider à detruire et pescher
l'etang de madame de Saint-Hilaire ?

Repond qu'il n'avoit absolument connoissance qu'on dut ni qu'on
voulut demolir ledit etang, mais qu'en poursuivant sa chasse, le
bruit qu'il avoit entendu du côté de l'étang l'y avoit attiré.

Requis encore de nous dire à quelle distance il s'étoit approché dudit etang, et s'il avoit bien remarqué le degat qui y avoit été commis, comme aussi s'il n'avoit pas resisté au cavalier qui luy arracha son fusil?

Repond qu'il ne s'etoit approché de cet etang à la distance de quatre cens pas ou environ, et avoir remis son fusil sans resistance au cavalier qui l'arrêta.

Luy avons representé qu'il en imposoit à la justice, puisqu'il a ci-devant dit avoir remarqué quelques degats commis à la chaussée de l'etang, et que le cavalier qui l'avoit désarmé luy a soutenu que non-seulement il avoit fait resistance mais encore tentait de reprendre son fusil.

Repond qu'à la verité il avoit remarqué quelque derangement ou remuement de pierres sur ladite chaussée, sans en avoir pu parfaitement distinguer le degat, et ajoute qu'à l'egard du desarmement il avoit fort bien fait mine de reprendre son fusil.

Pierre MALLET, âgé d'environ 38 ans, travailleur de terre, natif du village de Malepeyre y habitant, paroisse de Jugeal près Noailles.

Interrogé s'il pourroit fixer à peu près le nombre des personnes attroupées qui se présentèrent au conducteur de l'attellier sur la grande route de Tulle à Brive, en luy demandant des travailleurs pour les emmener à Favars le lundi matin 23 janvier dernier?

Repond que du nombre des personnes attroupées qui se presenterent à l'attellier, il croit pouvoir le fixer à cent hommes ou environ, qui, non seulement demendèrent au conducteur de l'attellier, que seulement ses travailleurs, et meme luy, se joignissent à eux pour se rendre à Favars.

Interpellé de dire s'il arriva à Favars avec le groupe de gens et s'il apperçut s'il y avoit déjà d'autres personnes rendues audit Favars?

Repond qu'en arrivant audit lieu il y avoit déjà plus de deux cents hommes qui s'y etoient rendus.

Interrogé si pendant la route, en allant à Favars, ou rendus à Favars meme, il a connu quelqu'un des chefs de ces séditieux, et sommé de les désigner par leur nom ou autrement.

Repond que s'il les voyait il les reconnoitroit mais pas autrement et ne sçavoir le nom d'aucun.

Requis de dire s'il a remarqué dans la melée de Favars le particulier qui a tiré le premier coup de fusil ?

Repond n'avoir pu remarquer par qui avoit été tiré le premier coup de fusil.

Interrogé s'il avoit aucune arme ou outil ?

Repond et denie ledit interrogatoire.

Interrogé comment se nomme le maître de l'attellier, et s'il suivit les autres jusqu'à Favars et quel etoit le nombre de ceux qui le suivirent, et comment ils s'appellèrent

Repond que le conducteur de l'attellier s'appelloit Simon, qu'il ne vint pas à Favars et que le nombre de ceux qui s'y rendirent etoit de dix à douze dont il se rappelle le nom de quelques-uns, savoir le nommé Brette, Guillaume Boutte et Louis Sourdet de la paroisse de Roziers et ignore le nom des autres.

Interrogé si aucunes de ces manœuvres avaient d'armes ?

Repond que non.

Antoine Mamy, âgé d'environ vingt ans, laboureur originaire du bourg de Venarsal y habitant.

Interrogé de dire avec qui se rendait il à l'étang de Lachamp le jour indiqué pour la pesche et pour quel motif ?

Repond qu'il s'y rendit seul par la curiosité de s'informer pourquoi on sonnoit le beffroit dans la paroisse de Favars.

Luy avons representé qu'il ne dit pas la verité puisqu'il a cy-devant convenu y etre allé avec un jeune homme.

Repond et explique son precedent interrogatoire et dit que le jeune homme avec lequel il fut arrêté n'étoit pas venu avec luy mais qu'il l'avoit rencontré en chemin.

Interpellé de nous dire s'il avoit eu connaissance avant le vingt quatre du mois de janvier dernier du projet de pesche de l'étang de Lachamp et s'il s'etoit jamais trouvé dans des circonstances semblables, soit pour ouvrir des etangs soit pour planter des mays.

Repond et denie lesdits faits.

Pierre PERRIER est agé d'environ quarante ans, laboureur, habitant au village de Vieillefond, paroisse de Saint-Hilaire.

Interrogé s'il etoit allé seul ou en compagnie à l'etang de Lachamp, le vingt quatre du mois de janvier dernier, jour de dimanche ?

Repond qu'à l'issue de la première messe, ayant entendu sonner le tocsin à Favars, Leonard Couly et luy partirent pour s'y rendre, et que chemin faisant, luy repondant, ayant fait un bâton, il s'etoit arrêté avec ledit Couly sur une hauteur à une distance considerable de l'etang de madame de Saint-Hilaire, ils apperçurent aller et venir autour de l'etang beaucoup de monde, qui étant poursuivis par les cavaliers, plusieurs et eux mesmes furent arretés, sans qu'ils eussent aucune intention que de remarquer ce qui se passait.

Interrogé s'il reconnut dans cet attroupement les principaux auteurs dudit attroupement, et s'il avoit connoissance du complot formé pour la destruction de l'etang ?

Repond et denie ledit interrogatoire.

Interrogé et requis de dire sincèrement s'il n'avoit pas d'autre arme que le baton dont il a parlé ci-dessus ?

Repond et affirme le repondant qu'il n'avoit veritablement qu'un baton.

Et plus n'a été interrogé.

Léger FARGES, âgé de 24 ans, laboureur, natif et habitant du village de la Salesse, paroisse de Saint-Germain.

Interrogé s'il est allé seul à Favars le jour de la sedition et de déclarer les motifs qui l'y avoit emmené ?

Repond qu'il avoit été luy seul à Saint-Germain et qu'ensuite ayant joint deux autres particuliers, ils se demendèrent mutuellement pourquoi on sonnoit le beffroye de Favars, et que quelqu'un d'eux ayant dit qu'on vouloit faire du tort à madame de Saint-Hilaire, ils s'etoient rendus tous les trois en qualité de ses censitaires pour luy donner du secours et que c'etoit reellement leur intention.

Interrogé l'accusé si étant arrivé devant le chateau de Favars, il ne se seroit pas rangé du coté des assaillants au lieu de defendre la dame de Saint-Hilaire ?

Repond que bien loin de favoriser le parti contraire à la dame, il avoit offert ses services à M. de Saint-Hilaire, son fils.

Luy a été representé que non-seulement il s'ecarte de la verité, mais même de la vraissemblance, en ce qu'il a ci-devant repondu avoir reçu un coup de sabre, ne paroissant pas croyable qu'il eut été blessé d'une arme de cette espèce, s'il avoit resté dans le bon parti, attendu que les seditieux n'etoient armés que de fusils, de haches, de fourches de fer et de batons ferrés.

Repond que comme quelqu'autre citoyen de la ville de Tulle qui avoit reçu des coups de sabre, il n'en avoit pas été plus exempt que luy.

Interpellé de nous declarer s'il connoit les auteurs de cet attroupement et requis de nous en dire les noms.

Repond et denie ledit interrogatoire.

Luy avons representé qu'il en impose à la justice, lorsqu'il dit qu'il vouloit donner du secours à madame de Saint-Hilaire car il se seroit retiré lorsque M. de Marcillac leur dit de se retirer.

Repond qu'il n'entendit pas M. de Marcillac lorsqu'il leur donna ce conseil.

Nous venons de voir que, dans cet interrogatoire, Léger Farges fait allusion à des blessures reçues par un autre citoyen de la ville de Tulle, coups de sabre qui provenaient du camp même où il se trouvait.

Cette allusion, dont il ne fut pas demandé d'explication par le Président interrogateur, touchait probablement M. Leyx de Nussane et le citoyen Monteil de Tulle.

Voici ce qui s'était passé :

Au plus fort de la bagarre, M. Leyx de Nussane se présente à la porte du château de Favars. Un homme armé accourt ; M. de Nussane, croyant avoir à faire à un des séditieux, le frappe à coups redoublés de son sabre de cavalerie ; l'homme, aussi armé d'un sabre, riposte en se défendant énergiquement ; mais M. de Nussane le met hors de combat, le blessant grièvement et le désarmant. — Cet individu n'était autre, paraît-il, que le régisseur du château, un nommé Marbeau, homme de confiance de Mme de Saint-Hilaire !

Elle était bien vive l'ardeur batailleuse de M. de Nussane pour ne pas reconnaître, avant de frapper, la sentinelle veillant à la porte du château !

Il est aussi à constater que le procès-verbal, rédigé par la municipalité et l'état-major de Tulle, que *nous avons donné précédemment*, indique qu'un sieur Monteil, citoyen de la compagnie de Lamirande, fut « blessé à la tête et ensuite au bras d'un coup de sabre ». Ces blessures auraient donc été faites par les gens du parti auquel il appartenait, puisque les paysans n'avaient pas de sabre.

Léger Farge avait donc raison de dire que « quelqu'autre citoyen de la ville de Tulle avait reçu des coups de sabre et qu'il n'en avait pas été plus exempt que luy ».

Mais poursuivons, en les résumant, les interrogatoires des autres accusés, ceux donnés ci-avant concernant les hommes condamnés par le tribunal, et ceux qui suivent concernant les accusés qui furent acquittés :

Jean Rol dit Vergne, âgé de 21 ans, tisserand, du bourg de Saint-Hilaire-Peyrou, était armé d'un fusil mais sans aucune mauvaise intention ; il allait chercher du fil au village de la Maronie. Il est allé seul du côté de l'étang et ignorait ce qu'on y voulait faire.

Pierre Vacher, laboureur, âgé de 14 ans, du village de Vieille-Font, paroisse de Saint-Hilaire, dit n'avoir eu aucune mauvaise intention en allant à l'étang et que loin de vouloir qu'on ne paya plus les dimes et les rentes et qu'on détruisit l'étang il s'y serait opposé car son beau-frère étant fermier des dimes et des rentes, il les avait perçues très exactement. — Il était pourtant armé d'un fusil en allant à l'étang. — Il déclare n'avoir connu personne de ceux qui y étaient.

Léonard COULY, 45 ans, laboureur du village de Vieille-Font, paroisse de Saint-Hilaire. Est allé du côté de Favars, entendant le tocsin, par pure curiosité. Il était avec Pierre Perier, mais n'avait aucune arme.

Jean PASCAL aîné, 21 ans, maréchal-ferrant au bourg de Venarsal, se rendait à Favars avec son frère pour savoir pourquoi on sonnait le tocsin, il fut arrêté lorsqu'il arrivait près de l'étang. Il n'avait « aucune espèce d'arme, ni verge ni bâton ».

Jean PASCAL cadet, 15 ans, travailleur de terre de Venarsal, allait à la chasse avec un fusil et entendant le tocsin il s'était dirigé vers Favars, où on sonnait, et en arrivant aux environs de l'étang il fut arrêté avec son frère.

Pierre LAVIALLE, 19 ans, habitant la ville de Brive, est allé à Favars parce que le nommé Minate a dit devant lui qu'on avait ouvert l'étang de Mme de Saint-Hilaire. Il n'a connu personne que M. de Marcillac et un jeune homme qui fut arrêté par M. de Marcillac en même temps que lui-même.

Antoine DUROUX, 19 ans, laboureur du village de Vaujours, paroisse de Saint-Hilaire, « ayant entendu sonner le beffroi dans la paroisse de Favars, en venant de la première messe de Sainte-Ferreole, il avait eu la curiosité de savoir ce qu'annonçait cette sonnerie ». Parti seul il a trouvé cinq à six personnes sur son chemin et ils se sont rendus ensemble à Favars.

Jean TEYSSANDIER, 25 ans, laboureur de Venarsal. Etait seul quand il fut arrêté, ignorait ce qui se passait à l'étang.

Jacques PASCAL, 25 ans, menuisier à Sainte-Ferreole. Minate lui avait dit qu'on avait ouvert l'étang, il se dirigeait de ce côté lorsqu'il fut arrêté à une grande distance de cet étang.

Pierre VIMBELLE, 22 ans, laboureur, demeurant au village de Vieille-Font, paroisse de Saint-Hilaire, est allé vers Favars pour savoir pourquoi on sonnait le beffroi, il était seul et ne s'est pas avancé de l'étang à plus de quatre portées de fusil. S'il s'est enfui, poursuivi par un cavalier, c'est qu'il s'est aperçu « qu'on arretoit toute sorte de personne indistinctement ». Il n'avait ni arme, ni baton, ni mauvaise intention.

Pascal CHASTAING, 23 ans, tisserand, natif de Sainte-Ferreole, habitant Saint-Germain, dit n'avoir en rien participé à ce qui s'est passé à l'étang de Lachamp et ajoute qu'il n'en savait même rien. Les habitants de Saint-Germain ont envoyé à la justice un certificat en faveur de Chastaing.

Antoine MOULZAC, 38 ans, laboureur du village de la Meyzonnade, paroisse de Saint-Hilaire, dit être allé à la chasse et s'être ensuite rendu à Favars par curiosité. Lorsqu'il a vu qu'on se battait il s'est réfugié dans la maison du curé.

Nous laissons au lecteur le soin de juger les faits énoncés par ces interrogatoires, ils pourront ensuite faire un rapprochement avec le jugement prononcé par le tribunal prévôtal que nous donnons ci-après.

M. Brival, procureur du roi, appelé à donner ses conclusions, le fit avec une très grande modération et beaucoup d'indulgence en faveur des accusés. Il termina en réclamant la nullité de la procédure pour vice de forme. Le tribunal passa outre à ces conclusions et rendit le sévère jugement qui suit :

Nous, JEAN-JOSEPH-GILIBERT DE MERLHAC, Ecuyer, chevalier de Saint-Louis, lieutenant-colonel de cavalerie, prévôt général de marechaussée du Limozin et Angoumois, de l'avis des gens tenant le siège presidial, et ouy le rapport du sieur DUCLAUX, conseiller, par jugement prévôtal, et en dernier ressort, avons déclaré Jean Vaujours, du village de la Meyzonnade, paroisse de

Saint-Hilaire, atteint et convaincu de s'être trouvé dans l'attroupement qui eut lieu sur l'etang de Favars le vingt-quatre janvier
dernier, avec un fusil duquel il coucha en joue le nommé Du-
breyrie, cavalier de la marechaussée de la brigade de Meyssac,
et dont la morche brula seulement.

Avons pareillement déclaré Jean Siccard, du village de La Salesse, paroisse de Saint-Germain, duement atteint et convaincu
de s'être trouvé dans l'attroupement formé à Favars le vingt-cinq
du mois de janvier dernier et d'avoir été arreté dans ledit bourg
de Favars, armé d'un fusil, et muni de poudre et de plomb, après
le combat qui se donna dans ledit bourg, et le plus violemment
soupçonné d'avoir couché en joue avec ledit fusil, dont le feu ne
prit qu'au bassinet, un des cavaliers de marechaussée qui luy
arracha ledit fusil.

Pour reparation de quoi avons condamné tant ledit Vaujour
que ledit Siccard à faire amende honorable, en chemise, nue tête,
la corde au col, tenant chacun en leurs mains une torche de cire
ardente du poids de deux livres au devant de la principale porte
et entrée de l'Eglise Cathédrale de cette ville, où ils seront conduits par l'exécuteur de la haute justice, et là étant à genoux ils
declareront que mechamment et temerairement :

Sçavoir ledit Vaujour d'avoir été le susdit jour, vingt-quatre
janvier dernier, dans l'attroupement qui se forma sur ledit etang
de Favars, armé d'un fusil, et ledit Siccard de s'etre trouvé dans
l'attroupement formé le lendemain vingt-cinq janvier au bourg de
Favars, aussi armé d'un fusil et d'avoir tenté d'en faire usage,
dont ils se repentent et en demendent pardon à Dieu, au Roi et à
la Justice ; ce fait ils seront conduits par ledit Exécuteur sur la
place de Laubarède, au devant la porte du palais, pour y etre
attachés à deux potences qui seront à ces fins dressées audit lieu,
pour y etre pendus et etranglés jusqu'à ce que mort s'ensuive, et
leurs corps morts seront enterrés dans le cimetière commun de la
ville.

Comme aussi avons déclarés atteints et convaincus les nommés
Antoine Dupeyrou et Pierre Bonnet, habitants de la paroisse de
Saint-Hilaire du Peyrou, d'avoir été arretés dans l'attroupement

formé sur l'etang de Favars le vingt-quatre janvier dernier, et les plus violemment soupçonnés d'avoir voulu aider et concourir au demolissement de la chaussée dudit etang, et armés ledit Dupeyrou d'un fusil, et le nommé Bonnet d'un bâton ferré.

Pour reparation de quoi avons condamné ledit Dupeyrou à etre par ledit Exécuteur appliqué à un carcan pendant trois marchés consécutifs, ou à un pillier de la halle, l'espace d'une heure à chaque marché tenant avec un écriteau sur la poitrine portant ces mots en gros caractères : SÉDITIEUX.

Et le troisième jour sera fustigé de six coups de verges par ledit Exécuteur sur les épaules nues aux lieux et carrefours accoutumés de cette ville et ensuite conduit dans les prisons pour y demeurer pendant un an, après lequel temps les portes luy seront ouvertes.

Et à l'égard dudit Bonnet, l'avons également condamné à etre appliqué audit carcan le premier jour de marché qui se tiendra en cette ville, et y demeurera attaché par le col l'espace de trois heures avec un écriteau sur la poitrine portant en gros caractères les mots : SÉDITIEUX.

Et ensuite sera fustigé de six coups de verges aux lieux et carrefours accoutumés de ladite ville, après quoi sera reconduit dans lesdites prisons pour y demeurer pendant un an, après lequel temps les portes luy en seront ouvertes.

En ce qui concerne le nommé Minatte l'avons déclaré atteint et convaincu d'avoir excité deux autres particuliers à le suivre, pour ensuite s'aller réunir au susdit attroupement formé sur l'etang de Favars, le susdit jour, et d'y avoir été capturé par les cavaliers de marechaussée, armé d'une hache.

Pour reparation de quoi l'avons condamné à tenir prisons pendant trois ans, après lequel temps les portes luy en seront ouvertes.

Et à l'égard de Leonard Mouly, Pierre Mallet, Pierre Mamy, menuisier de Venarsal, Perier, sabotier, et Leger Farges, les avons pareillement declarés atteints et convaincus d'avoir concouru et participé auxdits attroupemens, pour y avoir été également capturés.

Pour reparation de quoi les avons condamnés à tenir prisons pendant un an, après lequel delai les portes desdites prisons leur seront ouvertes.

En ce qui concerne les nommés Jean Rol, dit Vergne, Perier, de Saint-Hilaire, Pierre Vacher, Leonard Couly, Jean Pascal aîné, autre Jean Pascal cadet, frères, Pierre Lavialle, menuisier, Antoine Duroux, Jean Teyssandier, Jacques Pascal, menuisier, Pierre Vimbelle, Pascal Chastaing, tisserant, Antoine Mamy, Jean Clauzade, Antoine Moulzac, et Pierre Dumond, les avons mis hors de cours.

Avons en outre condamné lesdits Vaujour et Siccard chacun en dix livres d'amande envers le Roi, et les autres cy-dessus condamnés en trois livres d'amande chacun envers le Roi, et aux depens de la procedure chacun les concernant, envers ceux qui les ont exposés.

Au surplus ordonnons qu'il sera informé incessamment à la requete du procureur du Roi en la marechaussée à l'encontre des sieurs Chouchet, Latreille et les deux fils du sieur Lasserre, tous de la paroisse de Saint-Hilaire du Peÿrou, et autres à raison des susdits attroupements, leurs adherans, fauteurs et participes, ordonnons en consequence que ledit procureur du Roi fera assigner les temoins necessaires à cet effet et notamment les sieurs Durand et Malaret, cavaliers de la marechaussée de Tulle, les sieurs Dumas, de Chameyrac, garde du corps, Delor, Dupeyrou l'aîné, officier d'infanterie habitant de la ville de Brive, de Nouaret, officier au regiment de Champagne infanterie, aussi habitant de Brive.

Ordonnons enfin que le present jugement sera imprimé et affiché dans toute l'étendue du département et prevoté du Limozin.

Fait et deliberé dans la chambre du Conseil du siège presidial criminel de Tulle le vingt fevrier mil sept cens quatre vingt dix.

DUCLAUX, conseiller rapporteur ; GILIBERT DE MERLHAC ; DE BOURGUET, conseiller ; DUFRAYSSE DEVIANNE, conseiller doyen ; LOYAC DE LA SUDRIE, commissaire ; SERRE DE BAZAUGOUR, conseiller ; DE BRACONAC, conseiller ; DESPRES DU LEYRI ; SARGET, greffier-commis.

Ce terrible jugement fut désapprouvé par la population tulloise, ce qui montre bien encore qu'elle ne vivait pas en état d'hostilité avec les campagnards. Dans l'esprit de chacun le réquisitoire du procureur du Roi tendait à l'acquittement de tous les accusés, et malgré ce réquisitoire et la protestation de son auteur contre les vices de forme de la procédure, malgré ses conclusions qui réclamaient la cassation, le tribunal prévôtal condamna :

CINQ des accusés à UN AN de prison ;

UN autre à TROIS ANS de prison ;

DEUX autres à UN AN de prison, à la PEINE DU CARCAN et à la FUSTIGATION ;

ENfin DEUX A LA PEINE DE MORT !

On ne pouvait croire que le tribunal osât ordonner l'exécution. On disait avec raison, dans la contrée, que le mal fait par ces hommes était bien au dessous des peines qu'on leur infligeait. — Qu'avaient-ils faits en somme ? — Ils avaient voulu pêcher un étang !... On avait fusillé deux des leurs et massacré quelques autres Le lendemain ils s'étaient insurgés, voulant venger leurs morts, leurs blessés, et obtenir la liberté des prisonniers ! On en avait encore tué quatre parmi eux et blessé beaucoup qui devaient mourir plus tard ! On les accusait d'avoir fait le coup de feu contre la gendarmerie, mais ils n'avaient tué personne, « la poudre du bassinet des vieux fusils, seule, avait pris feu ! »

Les campagnes, comme la ville, étaient indignées d'un pareil jugement, tout le monde espérait qu'on ferait encore grâce avant l'exécution. On n'oserait pas mettre à mort Siccard et Vaujour.

Cependant l'arrêt qui condamnait Dupeyroux et Bonnet au carcan, et à être ensuite fustigés, fut exécuté. Ces malheureux furent, sur la place publique, attachés au poteau d'infamie par un collier de fer, les deux mains liées derrière le dos. Puis, les épaules nues, le bourreau les frappa de coups de verges !

Le 25 février 1790, cinq jours après le prononcé du jugement et juste un mois après l'émeute, la potence était dressée à Tulle sur la place de l'Aubarède (aujourd'hui place Municipale).

Une partie de la maréchaussée des villes environnantes avait été adjointe à celle de Tulle.

Les cavaliers du régiment de Royal-Navarre étaient sous les armes, les officiers de la garde citoyenne de Tulle avaient réuni leurs hommes. On avait déployé des forces considérables, redoutant une émeute, redoutant surtout l'arrivée des paysans des environs qui devaient, disait-on, délivrer les prisonniers.

Le gibet se dressait et pourtant la population espérait toujours. Des sentinelles étaient postées sur la route de Paris, par où devait arriver l'estafette porteur des ordres de l'Assemblée nationale qui, on n'en doutait pas, allait faire surseoir à l'exécution du jugement. La foule était immense, paysans et artisans étaient pleins d'angoisse. Un cri, un murmure, et cette foule oscillait, tournait ses regards vers le point d'où devait venir la grâce. On n'était pas venu pour voir mourir, oh, non ! On était là pour attendre la clémence royale ! Et jusqu'à la dernière minute, jusqu'après l'arrivée des condamnés sur le lieu du supplice, on espérait encore !

Eux aussi, les malheureux, espéraient ! ils avaient la ferme conviction que la liberté les attendaient au pied de la potence. — Ils y trouvèrent la mort !

« Le tribunal prévôtal appliqua la loi », a-t-on écrit, *sed lex, dura lex !* Mais les juges avaient-ils bien toutes les preuves pour condamner ?

La *Gazette nationale* ou le *Moniteur universel* du 30 mai 1790 va répondre en rendant compte de ce qui était dit à l'Assemblée nationale :

« Le procureur de la prévôté du Limousin a dénoncé le
« tribunal dont il est membre, et l'accuse d'avoir prononcé
« des peines de mort contre des citoyens seulement soup-
« çonnés de crime. »

Et M. Brival ajoutait :

« Je réclame l'exécution des lois ; je plaide la cause de
« l'humanité.

« Le tribunal prévôtal de Tulle a méprisé toutes les
« règles, et je ne le défère à cette auguste Assemblée
« qu'après m'être inutilement adressé aux tribunaux su-
« périeurs.

« Ces magistrats, jaloux de cacher et d'ensevelir dans
« l'oubli les vices d'une juridiction qu'ils dirigent à leur
« gré, n'ont fait aucun droit sur ma réclamation.

. . . .

« Pour vous mettre à portée de connaître les abus que
« je n'ai pu arrêter, je vous supplie d'ordonner que toutes
« les minutes des procédures instruites par le tribunal
« prévôtal de Tulle seront renvoyées sur le champ à votre
« Comité. »

M. Brival obtint une première satisfaction : le 2 juin 1790 l'Assemblée nationale signait un décret qui transportait au présidial de Limoges le jugement des troubles de Favars et autres.

Enfin, par un décret du 15 novembre 1790, l'Assemblée nationale renvoyait encore les inculpés (condamnés par le tribunal prévôtal de Tulle et encore prisonniers) devant le tribunal du district de Bordeaux.

Ces malheureux, qui avaient subi les affres du poteau

infamant et la flagellation du bourreau à Tulle, **furent** transférés dans les prisons de Bordeaux où ils restèrent jusqu'à leur nouvelle comparution devant le tribunal de cette ville qui, dans les premiers mois de 1791, leur rendit la liberté que le tribunal prévôtal de Tulle leur avait ravie.

Mais Vaujour et Siccard avaient été pendus !

Dupeyroux et Bonnet avaient été publiquement attachés au carcan et fouettés par le bourreau !

CHAPITRE III

Nouvelles tentatives d'ouverture des étangs de la contrée. — Le
Directoire du département intervient. — Impossibilité de réunir
les gardes nationales des communes avoisinant les étangs. —
Toutes les gardes nationales du département prévenues d'être
prêtes à marcher. — Les gardes nationales de Tulle et de Brive
se rendent à Favars. — Un détachement assiste à la messe de
Favars. — Prestation du serment. — Retour des troupes à
Tulle et à Brive. — Les commissaires de la République envoyés
à Chameyrac, Favars, etc. — Procès-verbaux des pillages. —
Le donjon de Favars épargné. — Encore la gendarmerie à
Favars.

Bien que cela sorte un peu du cadre que nous nous
étions tracé en prenant pour titre : *l'Année de la Peur,
1789-1790,* nous ne pouvons résister à l'intérêt qui nous
semble être attaché à ce qui se passa pendant toute la
période révolutionnaire à Favars. En effet, citer cet épisode seul de l'émeute de Favars, en 1790, semblerait être
un fait isolé ou rare qui aurait été, comme on l'a pré-
tendu, commis à l'instigation de gens intéressés, à ce

moment, à fomenter la discorde et à exciter les paysans de Sainte-Féréole, Saint-Hilaire, Saint-Germain, etc., à détruire les étangs de leurs environs. D'autres causes, assurément, poussaient nos paysans à agir contre certains des anciens seigneurs. Ils n'avaient pas oublié les exactions de la veille, les méfaits des tyranneaux de village comme les L. D. de Cornil et autres des environs de Tulle, aussi vit-on les biens et la famille de tel « seigneur » respectés alors que tel autre eût ses propriétés dévastées et sentit la nécessité de mettre à l'abri sa personne et celles de tous les siens en quittant le pays. Nous ne voulons ici incriminer personne plus particulièrement, nous faisons une étude du moment ; les faits et les documents que nous citons, et qui sont absolument authentiques, permettront au lecteur de juger.

Le 22 août 1790, la municipalité de Favars fût requise par Jean-Jacques Bouys (*alias* Dubois) de constater que l'étang de Combroux, lui appartenant, avait été mis à sec, dans la nuit précédente, et que le poisson avait été volé.

Le procès-verbal constate que le « joug ou chevalet de l'étang a été fendu à coups de hache et partagé en deux, les deux pièces ayant eté jetées sur la chaussée ». Le sieur Bouys déclara ne pas connaître les auteurs de ces actes.

Une plainte fut adressée au procureur-syndic.

Le 26 août 1790, le Directoire du District de Tulle écrivait au Directoire du département :

D'après la lettre que vous nous avez écrit, nous vous faisons passer le procès-verbal que la municipalité de Favars a fait concernant l'ouverture de l'étang qui a été faite dans cette paroisse.

Les officiers municipaux qui nous l'ont remis nous ont dit avoir passé dans tous leurs villages pour découvrir quelques indices, mais ils n'ont pu en découvrir ; ils nous ont cependant dit que tout y était tranquille.

La municipalité de Marsillac nous a aussi écrit que le calme régnait dans cette paroisse.

Nous avons jugé nécessaire d'écrire à MM. les Curés voisins de Favars d'exhorter leurs paroissiens à rester dans la plus grande tranquillité, nous vous ferons part de tout ce que nous apprendrons de relatif à ces troubles, soit par MM. les Curés, soit par les Municipalités.

Le procès-verbal de la municipalité de Favars était signé par Boredon, maire, Fès, curé, officier municipal, et Bossoutrot, officier municipal (1).

On rechercha les auteurs de cet acte. Furent-ils découverts ? Peut être. Mais nous n'avons pas trouvé trace de la suite donnée à cette affaire.

Six mois plus tard, le 18 février 1791, « Jean-Baptiste Dubois de Saint-Hilaire, officier à la suite de l'artillerie, procureur fondé de pouvoirs de Jean-Jacques Dubois de Saint-Hilaire, capitaine au régiment des chasseurs à cheval de la Normandie, cy devant seigneur baron de Saint-Hilaire, Chameyrac, Favars, Saint-Germain-les-Vergnes, Saint-Mexant et autres places », expose à MM. les Officiers municipaux de Favars qu'il avait été instruit la veille que son étang de Combroux avait été oûvert dans la nuit du 16 au 17 du même mois, et qu'on avait encore commis des dégradations à l'étang de Laschamps lui appartenant.

Aussitôt le maire, le procureur et le greffier de la com-

---

(1) Extrait des Registres de la Municipalité de Favars, L. 581 des archives du département.

mune, accompagnés de M. Dubois de Saint-Hilaire, se transportèrent à Combroux. Il fut constaté : 1º que l'étang avait été ouvert depuis environ 36 heures ; 2º que le *palon*, qui avait été brisé en août dernier et remis en place, après consolidation, avait été de nouveau brisé à coups de hache, et que le mur du derrière de la chaussée avait été démoli sur la longueur d'une toise ; 3º que le ratelier de la chaussée avait été arraché de même que celui de la queue de l'étang.

Continuant les constatations, ces messieurs se rendirent à l'étang de Laschamps où il fut établi que divers barreaux du ratelier avaient été coupés à coups de hache et que l'on avait fait crouler quelques pierres de la chaussée (1).

Le 15 mars 1791, M. J.-B. Dubois, frère du propriétaire du château de Favars, écrit au Directoire du département pour se plaindre que le dimanche, 13 du même mois, à « environ 3 heures de l'après-midi, 25 ou 30 paysans se sont transportés à ce dernier étang (de Lachamp) et l'auraient infailliblement ouvert si la bonde, ne se trouvant éloignée de la chaussée, n'eût rendu l'opération très difficile. Ils se sont contentés de faire de nouveaux dégâts aux rateliers qu'ils ont presque entièrement brisés et ont ôté plusieurs pierres de la chaussée ». Il demande que le Directoire rappelle « aux officiers des municipalités nos voisines et surtout ceux de Favars, Saint-Germain, Saint-Hilaire et Sainte-Féréolle, les devoirs qui sont attachés à leur charge et notamment les décrets sur la responsabilité ». M. Dubois termine sa lettre en disant : « La chose

---

(1) Registres de la Municipalité de Favars, L. 581. (Archives du département).

est pressante, car j'ay été prévenu que l'on faisait les mêmes complots que l'année dernière au mois de janvier ».

Il ajoute en post-scriptum :

Je viens d'être assuré que le complot et le projet de rassemblement étoit formé pour la nuit de vendredi au samedi, ou du samedi au dimanche, ce n'est que de vous, Messieurs, que je dois attendre secours et justice.

Cette lettre porte la date de Favars, le 15 mars 1791, et la signature J.-B. DUBOIS, *cy-devant chevalier de Saint-Hilaire.*

Le Directoire ordonna qu'il serait aussitôt écrit aux municipalités de Favars, Saint-Germain-les-Vergnes, Saint-Mexant et Saint-Hilaire-le-Peyroux pour leur rappeler le respect dû aux propriétés et les mesures qu'ils doivent prendre pour écarter les atteintes qu'on pourrait leur porter, de même que les peines que ces municipalités encourraient en négligeant de prendre ces mesures.

Voici copie de cette lettre (1) :

Tulle, le 17 mars 1791.

Aux Municipalités de Favars, Saint-Germain-les-Vergnes, Chameyrac, Saint-Hilaire-du-Peyroux, Sainte-Ferreole et Saint-Mexent.

Nous sommes informés, Messieurs, que dans la nuit du 16 au 17 fevrier dernier on a ouvert un étang de M. Saint-Hilaire dont on a considerablement endommagé la chaussée, que le 13 de ce mois une trentaine de personnes s'etant réunies ont attaqué un

---

(1) Arch. de la Corrèze. L. 111.

autre de ses étangs appelé de Laschamps, dans la municipalité de Saint-Germain, et qu'il y a un projet formé de l'attaquer dans le courant de cette semaine.

Ces attentats à la propriété particulière sont, Messieurs, contraires à la loi qui ordonne de respecter les propriétés et les personnes, les municipalités sont specialement chargées, à peine de repondre en leur propre et privé nom des dommages, de prevenir et dissiper les attroupements et de faire respecter les propriétés et les personnes. En vous rappelant vos obligations et la responsabilité à laquelle votre negligence pourroit vous exposer, nous nous empressons de vous faire part des dangers que courent les propriétés de M. Saint-Hilaire et nous vous prions de prendre toutes les mesures et toutes les précautions convenables pour dissiper tout attroupement s'il en etoit fait et nous espérons que dans cette circonstance nous n'aurons qu'à louer le zèle et la vigueur que vous montrerés pour maintenir la tranquilité et le respect dû aux propriétés.

Nous vous prevenons en même temps que nous adressons aux municipalités qui vous avoisinent copie de cette lettre en leur prescrivant de concourir au même but par tous les moyens qui sont en leur pouvoir.

Le Directoire du département décida en outre d'informer M. de Saint-Hilaire qu'en ce qui concernait les dégradations qu'il disait avoir été faites à sa propriété il devait s'adresser au tribunal du district de Tulle.

Cette lettre du Directoire était signée par MM. Joseph-Anne VIALLE, procureur-syndic, DUVAL et CHADABET.

Le renvoi au district de Tulle avait été signé par MARBOT le 15 mars 1791 (1).

La municipalité de Saint-Germain-les-Vergnes répondit qu'elle ne saurait agir puisque l'étang en question n'était pas sur le territoire de sa commune.

---

(1) Registre du District nº 467, fº 76 vº, et 2ª registre nº 13, fº 4 du District.

Cependant, ajoute-t-elle, voulant autant qu'il est en nous maintenir le respect dû aux propriétés, il a été delibéré que nous ferions sur le champ la proclamation suivante pour être publiée et affichée demain, jour de dimanche, à l'issue de la messe paroissialle. En consequence il est ordonné, vu le décret du 25 fevrier 1790, à tous les citoyens de cette paroisse, de se conformer audit decret, de ne porter aucune atteinte aux propriétés quelconques, directement ni indirectement, sous peine d'être poursuivis comme perturbateurs du repos public et punis comme tels. Il a été deliberé en outre que le susdit decret serait publié avec la presente proclamation ; qu'il serait ecrit une lettre à M. Saint-Hilaire dans laqueile on le previendrait qu'en cas de danger pour son étang, il doit s'adresser pour la sûreté de sa propriété à la municipalité de Favars sur le terrain de laquelle il est situé et qu'il en seroit ecrit une au directoire du departement en reponse à celle du 17 mars courant, dans laquelle il lui sera exposé qu'avec sa meilleure volonté la municipalité de Saint-Germain requerroit vainement la garde nationale du present lieu, attendu qu'elle n'a point d'armes de munition et que la communauté ne peut disposer d'aucun fond pour lui en fournir.

Ce procès-verbal fut dressé le 19 mars 1791 et signé LAFAGERDIE, maire, DUCLOS, officier municipal, CHADEBEC, procureur de la commune, ROCHE, notable, MONTEIL, notable, et CLAUZADE, secrétaire-greffier.

Les craintes de M. Dubois de Saint-Hilaire étaient-elles fondées ? Peut-être, mais il n'y eut aucun désordre, aucun dégât à signaler ; cependant ce calme dura peu, puisque le 26 mai 1791 M. Floucaud fils adressait la lettre suivante à l'administration :

Favart, le 26 mai 1791.

A Monsieur d'Ussel, vice-président au Directoire du département
de la Corrèze, à Tulle.

Monsieur,

Je vien d'apprandre que les paysants doivent venir ouvre letang des Pradaux, puis aprés au chateau aprés qu'ils auront peche celui de Lachamp, je vous prie de vouloir bien tacher d'y faire mettre de lordre, attandu qu'il n'y a aucun des messieurs de Saint-Hilaire, qu'ils sonts tous partis pour Paris ; ce sont les paysants de Saint-Germain et ceux de Saint-Hilaire qui font le plus de bruit, a ce qu'on m'a dit ils fracassent et brulent tous les bois de la maison pour se chauffer la nuit en attandant que letang soit a peche, ils ont aussi coupé le palou et coupent toujours la chaussé pour le faire se vider à cause que la bonde est engorgé.

J'ai l'honneur d'etre avec baucoup de respec, monsieur, votre tres humble et tres obeissant serviteur.

Floucaud fils.

Au reçu de cette lettre, le Directoire du département dépêcha ses ordres à la municipalité de Favars qui, dès le lendemain, au jour, dressa le procès-verbal suivant (1) :

Aujourd'hui vingt-sept mai 1791, à l'heure de six du matin, dans la maison curiale ; ayant fait assembler le Conseil général de notre commune de Favars à l'effet de prendre des renseignements sur le delit commis contre l'etang de Lachamp, notre Conseil a rapporté qu'il avoit entendu dire que la chaussée dudit etang avoit été coupée, qu'une petite maison à côté de l'etang, située dans la commune de Saint-Germain, avoit été beaucoup endommagée, que le pâlou avoit été rompu et jetté au-dessous de la chaussée ; on nous a rapporté qu'il y avoit sur la chaussée environ quatre ou cinq cents personnes de differentes paroisses, et qu'il nous étoit impossible d'en approcher pour connoître les attroupés à moins d'exposer notre vie. Dimanche dernier, à la sortie de la messe paroissiale. vers une heure après midi, on nous rapporta dans notre place qu'il y avoit un grand attroupement sur la chaussée dudit etang ; alors le maire, assisté des officiers municipaux, defendit à haute voix à tout le monde qui etoit present d'aller attaquer ledit etang.

---

(1) Arch. de la Corrèze. Registre du département, n° 594, folio 92.

Le tout fait en presence dudit Conseil et ont signé ceux qui ont su et les autres ont declaré ne le savoir, à Favars le susdit jour et an que dessus.

> Boredon, maire ; Reynier, notable ; Bossutre ; Ricarde ; Brugeille, procureur de la commune ; Brival ; Bachèlerie ; Marbot ; Sauty ; Borie.

Le même jour, 27 mai 1791, à quatre heures du soir, le maire, un officier municipal et le procureur de la commune de Favars remettaient sur le bureau du Directoire du département le procès-verbal que nous venons de citer. Un des membres du Directoire demanda à la municipalité de Favars pourquoi elle n'avait pas requis sa garde natio‧nale et celle des communes voisines pour rétablir l'ordre et dissiper cet attroupement ? Ces messieurs répondirent qu'après « avoir parlé à tous les paroissiens présents le dimanche à la sortie de la messe, tons montrèrent la plus grande docilité, mais qu'ils ne purent rassembler leurs gardes nationaux, plusieurs étant absents, et que d'ailleurs ils n'auraient pu en tirer aucun parti vu leur petit nombre ».

Ils alléguèrent encore qu'ils avaient tenté de les rassembler, mais inutilement, et que « s'étant présentés individuellement sur les hauteurs de l'étang pour voir ce qui se passait, ils avaient été forcés de prendre la fuite parce que les gens qui étaient autour les avaient menacés. Que cette crainte les avaient même empêchés de venir à la ville pour rendre compte » des incidents survenus.

Le soir, à huit heures et demie, le Directoire du district, informé, prit la délibération suivante (1) :

---

(1) Arch. de la Corrèze. Registre du district, 2ᵉ, nᵒ 311, folio 87 vᵒ.

1º Le Directoire du département doit requerir tout de suitte les gardes nationales de tout le département de se tenir prêtes á marcher sur la première requisition qui leur sera faite, soit par les corps administratifs, soit par les tribunaux judiciaires, partout où les propriétés, où la vie des citoyens seroient en danger, et où l'exécution des loix, des arrêtés du département et les operations des corps judiciaires reclameroient leur secours.

2º Persistant dans son avis du 4 courant, le Directoire du district croit que le procureur général du département doit être autorisé par le Directoire à dénoncer à l'accusateur public, près du tribunal du district de Tulle, les auteurs, moteurs et complices des attentats commis contre les propriétés du sieur Bouys Saint-Hilaire, pour les faire punir suivant la loi.

3º Persistant encore aux principes qui font la base de son avis du 20 mars dernier, le Directoire pense que le Directoire du département doit prendre les précautions les plus promptes et les mesures nécessaires auprès du ministre pour qu'il y ait dorenavant une force publique, residente sur le territoire et aux frais du département.

4º Pour donner la plus grande publicité à l'arrêté à intervenir, il doit être imprimé tout de suitte et renvoyé par des cavaliers d'ordonnance à toutes les municipalités du département.

Fait au Directoire du district de Tulle le 27 mai 1791.

Parjadis, vice-président, Monbrial, Duval,
Jos.-Anne Vialle, procureur syndic.

Dès le lendemain matin, 28 mai, le Directoire du département envoyait des estafettes dans toutes les communes environuantes.

Voici le très intéressant procès-verbal d'un gendarme chargé d'une de ces missions. Nous allons voir comment les habitants de Saint-Hilaire et de Saint-Germain reçurent les ordres du département (1) :

---

(1) Arch. de la Corrèze, *passim.*

Aujourd'huy vingt-huit may mil sept cent quatre vingt onze, nous Pierre Lafajardie, cavalier de la gens darmerie au département de la Correze, residence de Tulle, ayant reçu ordre du sieur Durand notre brigadier, d'aller porter deux lettres de la part du Directoire du département, adressée l'une aux officiers municipaux de Saint-Germain-les-Vergnes, et l'autre à ceux de la municipalité de Saint-Hilaire du Peyroux, sommes partis environ l'heure de midy et sommes arrivés en la paroisse de Saint-Hilaire où jay remis au sieur Dupeyroux, maire de la municipalité, la lettre à son adresse, et avant d'arriver audit lieu, nous avons trouvé une troupe de paisants qui se sont mis à nous crier : « Foutu aristocrate, foutu Jean-Foutre, bougre de gueu, où es-ce que tu vas, nous t'avons assez defendu de passer en ce païs », cependant ces gens à nous inconnus, au nombre de cinq, armés de pelles à becher, et autres instruments, s'avançoient devers nous et paroissoient etre dans l'intention de vouloir nous assalir, ce qu'ayant bien compris nous avons fait prendre le galop à notre cheval jusque chez le sieur Dupeyroux où étant arrivé nous avons fait part de notre avanture audit sieur Dupeyroux qui nous a dit que nous étions en danger en passant dans ce païs, et surtout de marcher seul, que nous aurions bien fait de prendre un habit bourgeois.

Et sur ce qu'il nous a ajouté de prendre garde à nous en allant à Saint-Germain, nous avons passé et fait route pour nous rendre en la dite paroisse par des chemins détournés et traversé les champs et les bois. Arrivé dans un vallon où passe un ruisseau que nous avons traversé, nous y avons trouvé beaucoup de paisants qui attrapoient du poisson échappé de l'etang de Combroux ou Favard, ces gens se sont mis à nous crier des sottises et à nous faire des menaces et comme ils se disposoient à venir à nous et qu'ils se mettoient en même de nous poursuivre, nous avons tiré en l'air un coup de pistolet pour les intimider ; sur quoy nous avons piqué notre cheval et sommes arrivé au bourg de Saint-Germain où nous avons remarqué qu'il y avoit une assemblée à cause de la fête votive de la paroisse. Dans ce moment l'on donnoit la benediction, et à la sortie du peuple de

l'eglise, nous avons vu la troupe de la garde nationale qui a
defilé de l'eglise et après avoir fait quelques figures d'exercice,
plusieurs paisants se sont approchés de nous pour nous demander
le sujet de notre transport, leur ayant repondu que j'etais porteur d'une lettre du département pour remettre à Messieurs les
officiers municipaux, dès lors ces gens à nous inconnus nous ont
dit et se sont mis à crier qu'ils n'avoient que faire de la lettre du
département, et que nous n'avions qu'à l'en raporter, qu'il n'y
avoit aucun des officiers municipaux ; le sieur Chadebech de la
Valade, s'étant approché, nous l'avons requis de recevoir ladite
lettre, comme membre de la municipalité. La crainte que luy
inspiroient ces paisants attroupés l'a porté à nous repondre qu'il
ne pouvoit recevoir de lettre de qui que ce soit, sur quoy ces
memes gens luy ont crié de ne point se hazarder de la toucher,
qu'ils n'avoient que faire de lettre ny du département et qu'ils s'en
fouttoient et qu'ils s'allassent faire foutre. Ensuite ils nous ont crié
de decachetter cette lettre et de leur en faire la lecture, de faire
attention qu'elle ne contienne rien de mauvais et que j'avois à
faire à eux. Ces propos étoient suivis de vives menaces, plusieurs
avoient même le baton levé sur nous et sans le sieur Clauzade,
nous aurions été maltraités par cet attroupement. Dans cet inter-
valle le sieur curé de Saint-Germain étant sorti de l'eglise, nous
l'avons requis de recevoir cette lettre et de nous fournir conjoin-
tement avec le sieur Chadebech un recepissé. Le sieur curé,
ainsy que le sieur Chadebech, nous ont répondu qu'ils ne pouvoient s'en charger ny la prendre, que nous étions temoin de leur
embarras, et que s'ils la recevoient ils seroient exposés à toutes
les violences de cette populace, mais d'en dresser notre procès-
verbal, et que tant eux que les sieurs Clauzade et le sieur curé
de Saint-Maixant attesteroient que nous nous étions rendus
à Saint-Germain, que nous leur avions présenté cette lettre et la
manière avec laquelle nous avions été reçus. Sur quoy la populace
nous a crié à toute force de nous retirer au plus vite et d'en rap-
porter la dite lettre et que tant nous que le département étions
des Jean-Foutres. Et après nous avoir accablé de plusieurs
insultes et grossièretés nous nous sommes retirés et avons rap-

porté la dite lettre à Messieurs les membres du Directoire du
département. Dont et de tout quoy avons dressé le présent procès-verbal pour servir et valoir ce que de raison.

LAFAJARDIE.

Le soir même, le Conseil général de la commune de
Saint-Germain se réunissait et décidait d'envoyer une
députation au Directoire du departement pour lui donner
l'assurance de « la soumission qu'on porte aux loix et
aux règlements de nos sages administrateurs ». Cette
députation avait mission de recevoir la lettre refusée
dans la journée, mais « que s'il y avoit quelque ordre
dans ce paquet pour se transporter sur les étangs de Favars, la municipalité ne [peut] s'y transporter, qu'elle est
sans force et qu'elle seroit immolée à la fureur des mutins attroupés, et qu'elle ne peut y être contrainte, attendu que le terrain de l'etang de Lachamp n'est pas
sur son territoire ».

Cette déclaration fut signée par DUCLOS, officier municipal ; MONTEIL, BOSSOUTRE, notables ; CHADEBECH,
procureur de la commune ; CLAUZADE, secrétaire-greffier.

Le Directoire du département prit immédiatement un
nouvel arrêté ordonnant à son procureur-général-syndic
de déférer à l'accusateur public les auteurs, fauteurs ou
complices de l'attentat commis contre la propriété de
M. de Saint-Hilaire.

Ordre fut envoyé aux commandants des gardes nationales de Tulle et de Brive de se trouver, avec leurs troupes, le lendemain, 29 mai, à 9 heures du matin, au bourg
de Favars. Le commandant de la garde nationale de
Tulle avec 200 hommes et le commandant de Brive avec
100 hommes. Les municipalités de Favars, Saint-Germain

les-Veignes, Sainte-Féréole et Saint-Hilaire-le-Peyroux, reçurent également l'ordre de réunir leurs gardes nationales et de se rendre à Favars le même jour et à la même heure.

Le lieutenant de la gendarmerie de Tulle fut aussi requis de s'y transporter avec sa brigade, et d'ordonner que tous les gendarmes disponibles de la brigade de Brive y fussent aussi envoyés dès le lendemain matin.

MM. Sauty et Marbot, membres du Directoire du département, furent délégués pour se rendre à Favars et reçurent tous pouvoirs pour les ordres à donner et les précautions à prendre afin de « terminer toutes les difficultés qui pourraient s'élever pendant tout le temps que durera la présente commission ». Ils furent « munis d'un drapeau rouge, à l'effet de faire publier par les municipalités des lieux, la loi martiale si besoin est. »

Une proclamation faite par le Directoire rappelait aux citoyens leurs devoirs et aux municipalités leurs obligations sur la protection qu'elles doivent aux personnes et aux propriétés. Enfin des ordres furent donnés à un boulanger et à un cabaretier de Tulle de se transporter sur les lieux avec des provisions suffisantes pour 350 personnes. Il fut alloué 20 sous par jour et par chaque garde national pour pourvoir à sa subsistance.

Telles furent les mesures prises par MM. Sauty, Marbot, Borie, Bachelerie, Chapelas, Villeneuve, membres du Directoire du département, et Brival, procureur-général-syndic.

Le lendemain, 29 mai, à 9 heures du matin, la garde nationale et la brigade de gendarmerie de Tulle ayant à leur tête les deux membres du Directoire, MM. Marbot et Sauty, étaient déjà à Favars.

Bientôt après arriva le détachement de Brive. Les

troupes furent rangées en bataille sur la route de Tulle à Brive, hors du bourg. Un tambour et deux chasseurs furent envoyés à la municipalité de Favars pour la requérir de se rendre auprès des commissaires. Aussitôt arrivés les membres de cette municipalité déclarèrent aux représentants du département qu'il n'existait plus aucun attroupement sur leur territoire et qu'ils croyaient être assurés qu'il en était de même dans les communes voisines.

La garde nationale de Favars vint alors se joindre aux troupes de Tulle et de Brive.

Un juge du tribunal du district, l'accusateur public et leur greffier, devant procéder aux constatations légales, requièrent le commandant des troupes de leur fournir une escorte pour se rendre sur la chaussée de l'étang. Un détachement de trente hommes les accompagne.

Pendant que les magistrats remplissent leur mission judiciaire, les troupes, fatiguées par une marche relativement longue et rapide, restent patiemment l'arme au pied. Enfin, à dix heures du matin, elles reçoivent l'ordre de se rendre dans la cour du château où des fournisseurs étaient venus s'installer avec des vivres. Chaque homme reçoit deux bons de dix sous pour le paiement de sa nourriture, et, aussitôt pourvus de ce viatique, les étalages de comestibles sont pris d'assaut. Les robinets des barriques pleines de vin clairet ne coulent pas assez rapidement pour satisfaire à la fois la soif de chacun. A cet instant arrivent les officiers municipaux des communes de Saint-Hilaire-Peyroux et de Sainte-Féréole, avec un détachement de leurs gardes nationales respectives. Il leur est fait une distribution de bons et ces hommes se joignent à ceux rassemblés dans la cour du château. Tous ces soldats-citoyens fraternisent autour

des barriques qui se vident comme par enchantement.
Mais toute fête a sa fin ; un roulement des tambours rappelle les troupes sous les armes. Il est onze heures et
M. le curé de Favars est venu prévenir les commissaires
du département qu'il va célébrer la messe paroissiale ;
un détachement de la troupe est commandé pour y assister en armes.

La cérémonie terminée, un des commissaires monte
en chaire, et, dans un discours en patois, afin d'être bien
compris des campagnards, il expose quelques principes
de la Constitution, il fait ressortir les avantages qu'elle
procure à tous les Français et surtout aux cultivateurs,
rapporte la disposition des décrets qui déclarent les
propriétés et les personnes sacrées et inviolables..... Il
rappelle aux gardes nationales le serment qu'elles ont
fait de maintenir la Constitution et d'obéir à toutes les
réquisitions des corps municipaux. Il demande enfin que
les gardes nationales de Favars, Saint-Hilaire et celle de
Saint-Germain, qui viennent d'arriver, renouvellent ce
serment en présence des troupes qui étaient rangées sur
la place du bourg.

Aussitôt après la cérémonie, a lieu la prestation de serment, puis les gardes nationales sont rassemblées de
nouveau dans la cour du château. Les officiers municipaux de Favars, Saint-Germain, Sainte-Féréole et Saint-Hilaire, forment le centre. Un des commissaires, placé
à l'une des fenêtres du château, harrangue ces troupes.
Il offre aux municipalités de laisser un détachement à
Favars pour le cas où ils craindraient de nouvelles attaques contre la propriété. Cette proposition est repoussée,
mais les municipalités de Saint-Germain et de Saint-Hilaire demandent que le département fournisse des
armes à leurs gardes nationales qui n'en ont pas, leurs
communes ne pouvant leur en fournir.

Sur la demande des commissaires, chaque municipalité prit l'engagement de requérir leurs gardes municipales respectives au cas de nouvelles attaques à la propriété et, si besoin était, de faire appel aux municipalités voisines pour obtenir main-forte contre les délinquants. Enfin elles s'engagèrent à informer, sans délai, le Directoire du district pour obtenir les secours nécessaires.

A quatre heures du soir, toutes les troupes étaient de nouveau rangées en bataille à l'entrée du bourg; les deux commissaires à cheval les félicitèrent de leur zèle et de leur patriotisme. La dislocation de la force publique se fit aussitôt après.

Arrivées sur la place de la Fédération de Tulle, la garde nationale et la gendarmerie reçurent de nouveau les félicitations des commissaires.

Tout est bien qui finit bien ! ainsi que l'écrivait l'immortel Shakspeare. Le mal était conjuré. Les craintes de M. de Saint-Hilaire et du Directoire du département ne s'étaient pas réalisées et les gardes nationales de Tulle et de Brive avaient fait une promenade militaire et déjeuné sur l'herbe !

. Il n'en est pas moins vrai cependant que depuis 1789, l'ouverture des étangs de tout le département était décidée périodiquement et avec une certaine régularité, par les gens avoisinant ces pièces d'eau. Il est utile de le répéter, l'appât du poisson à s'approprier n'était pas le mobile dominant dans ces diverses tentatives. Les paysans se plaignaient des étangs parce que, disaient-ils, ils nuisaient à leurs récoltes, et surtout parce que les propriétaires avaient jadis profité de leur autorité pour exhausser les chaussées malgré les plaintes des riverains. Ceci était exact, le Directoire du département de la Corrèze en fit la constatation et publia une proclamation à ce sujet (1).

Il est certain que nos campagnards, outrés des procédés qu'avaient si durement employés contre eux leurs anciens seigneurs, voulurent user de représailles et c'est pourquoi à Favars comme ailleurs, on ne se borna pas à ouvrir quelques étangs, on s'attaqua aussi aux châteaux comme nous allons le voir par ce qui se passait dix-huit mois après les évènements que nous venons de raconter.

A la suite de plaintes adressées au Directoire du département, deux commissaires furent envoyés à Chameyrac pour constater les dégâts commis dans diverses propriétés de la commune. Ils apprirent que « les menaces du peuple se portaient particulièrement sur les maisons ou châteaux du sieur Dumas, émigré ; du sieur Poissac ; des sieurs Dubois, cy-devant Saint-Hilaire; du sieur Saint-Germain et du sieur Lagarde, Auberty, cadet ».

Ils se rendirent aux lieux indiqués et constatèrent de prime-abord que la maison du sieur Dumas était « dans son état primitif et n'avait éprouvé aucun dommage ».

Ils se transportèrent ensuite au château de Favars. Nous ne saurions mieux faire que de reproduire textuellement le procès-verbal qui fut dressé, à cette occasion, par les commissaires-enquêteurs :

Nous avons trouvé plusieurs ouvriers occupés à démolir une tour considérable faisant partie de ce chateau et sur les interpellations que nous avons faites à ces ouvriers, nous nous sommes assurés qu'ils travailloient à cette démolition sous les ordres et à

---

(1) Registre des délibérations du Directoire, arch. de la Corrèze, L. 61, p. 343.

la solde du sieur Lachaud, électeur de Saint-Hilaire qui étoit effectivement à la tête de ces ouvriers et qui avoit l'air de les commander.

Cette tour d'une épaisseur considérable et établie avec la plus grande solidité, nous a paru servir à une petite forteresse. Etant entrés dans l'intérieur du château, nous nous sommes apercus que tous les meubles qu'il renfermoit avoient été pillés et sur les questions faites tant au sieur Lachaud qu'aux ouvriers occupés à la démolition de la dite tour, ils nous ont déclaré qu'un attroupement très considérable s'étoit formé auprès du chateau quelques jours auparavant, et qu'on avoit résolu de faire main basse sur tous les meubles et effets contenus dans le chateau ; ce qui avoit déterminé plusieurs personnes à ouvrir des enchères pour la vente de ces meubles et effets, dans l'intention d'en convertir le montant au payement des ouvriers qui travailloient à démolir la tour et à rendre compte du surplus à qui de droit. Et les ayant priés de déclarer quel étoit le receveur du produit des ventes qui avoient été faites, le sieur Lachaud a convenu que c'étoit lui-même.

Nous avons cru qu'il étoit important de connoître les personnes qui s'étoient présentées pour faire l'acquisition des meubles et effets tombés au pouvoir de l'attroupement formé dans des vues de pillage, il nous a été répondu que de ce nombre étoient plusieurs particuliers inconnus, mais notamment le sieur Ladoire, curé de Saint-Mexant, qui avoit acquis plusieurs objets à vil prix, et entre autres un lit très précieux qui luy avoit été délivré pour une fort modique somme.

Surpris du fait dont le sieur Ladoire étoit taxé, nous nous sommes particulièrement attachés à le vérifier ; et après avoir recueilli le témoignage de plusieurs personnalités dignes de foi, il en est résulté une certitude contre le sieur Ladoire, curé.

Nous ne pouvons déterminer la consistance du mobilier renfermé dans le chateau appelé de Favars, mais la renommée et plusieurs particuliers qui ont dit la bien connaître, nous ont assuré qu'elle étoit très considérable. Cependant il ne reste dans ledit chateau que les quatre murs et on s'est porté même à briser des fenêtres et à casser des vitres.

Après avoir déclaré au sieur Lachaud et aux ouvriers démolissant la tour que l'inclination que le peuple montrait pour le pillage et la violation des loix les plus sacrées, excitoit l'indignation de tous les vrais patriotes et qu'ils se verroient forcés de prendre les armes pour ramener à leur devoir les mauvais citoyens qui continucroient d'attenter aussi indignement aux propriétés, ce qui nous conduiroit à la guerre civile, de laquelle résulteroit la chute de la Constitution, la destruction de la France entière et le triomphe de nos ennemis.

Ce procès-verbal est signé par « Léonard BUSSIÈRES, notaire public, et Julien DULAC, homme de loy, électeurs du canton de Tulle ».

Soit par l'effet de la persuasion, soit par la crainte des châtiments qui pouvaient en résulter, on renonça à démolir ce vieux donjon de Favars que les ouvriers du XIIIe siècle avaient si solidement construit.

Notons en passant que « la tour considérable » de Favars existe encore, qu'elle a même été réédifiée dans sa partie supérieure, comme le montre le dessin que nous en donnons hors texte. Les traces de la pioche révolutionnaire sont effacées et le vieux donjon est même de nos jours flanqué d'une gracieuse tourelle qui sert de cage à l'escalier.

Mais revenons à notre historique révolutionnaire ; nous voici en avril 1794, et depuis mai 1791 (presque trois années) les étangs de Favars n'avaient été ouverts ni pêchés. Aucune tentative nouvelle n'avait été faite contre les propriétés, mais il est à croire que les « maîtres pescheurs » avaient jugé carpes et tanches suffisamment grosses, car le 6 avril les officiers municipaux de la commune avisaient le procureur-syndic de Tulle que de

DONJON et CHATEAU de FAVARS

nouveau l'étang des Pradaux avait été ouvert et que « vraisemblablement il serait à pêche le soir ».

Cette municipalité annonçait en même temps avoir « invité les domestiques de M. Saint-Hilaire à prendre les précautions nécessaires pour sauver le poisson. Ils nous ont répondu qu'ils ne voulaient pas s'en mêler. Le domestique [chef] même a défendu aux autres domestiques de s'en occuper. Nous devons, messieurs, faire tous nos efforts pour empêcher le vol de ce poisson, mais pour cela nous avons besoin du secours de la gendarmerie nationale, attendu le peu de force de notre garde nationale ».

Cette déclaration est signée par BOSSOUTRE, maire, et BRUGEILLE, procureur de la commune.

Immédiatement le procureur du district donna ordre d'envoyer la gendarmerie. Cet ordre fut exécuté, suivant la lettre que nous reproduisons ci-après :

Au reçu de votre lettre en datte du 6 du présent, Monsieur, j'ai fait partir autant de gendarmes qu'il s'en est trouvé au quartier et se sont rendus à l'etang de Favars pour y empêcher le desordre qu'on auroit eu dessein de commettre.

Le lieutenant-colonel de gendarmerie nationale
au département de la Corrèze,
PILAULE DE LA FERRAUDIERE.

Ce fut une fausse alerte, l'affaire n'eut pas de suites sérieuses et là se terminèrent les secousses révolutionnaires de Favars.

CHAPITRE IV

Les députés de la ville de Brive à Paris. — Le Conseil de la ville
de Tulle envoie une députation à l'Assemblée nationale. — Une
souscription faite à cet effet. — La ville d'Uzerche se joint à la
ville de Tulle pour cette députation. — M. Brival, procureur
du roi, accuse la cour prévôtale de Tulle. — Il est reçu devant
l'Assemblée nationale.

Malgré l'intérêt qui s'attache aux choses que nous venons de dire, cette longue digression sur ce qui s'est
passé à Favars jusqu'en 1792 nous a quelque peu éloigné
de notre sujet. Revenons aux évènements de l'ANNÉE DE
LA PEUR, et voyons les effets produits par l'intervention
de la ville de Brive en faveur du tambour-major de sa
garde nationale, le citoyen Durieux, arrêté et détenu à
Tulle et des prisonniers de Favars.

La ville de Brive avait envoyé à Paris deux députés
extraordinaires. Ils furent admis à présenter leur requête
au sein de l'Assemblée municipale de Paris qui, après
avoir entendu MM. Serre et Fage, décida qu'un de ses
membres, l'abbé Mulot, serait chargé de porter les plain-

tes de la commune de Brive à l'Assemblée nationale. En même temps les députés de Brive écrivaient une lettre au journal les *Annales patriotiques et littéraires de France,* lettre que notre impartialité nous oblige à reproduire :

ANNALES PATRIOTIQUES ET LITTÉRAIRES DE FRANCE

(Supplément au n° 155 du 6 mars 1790)

Aux auteurs des *Annales,*

Nous vous prions d'insérer la présente dans vos *Annales.* Le meilleur moyen pour détruire d'odieuses calomnies, serait de présenter un aperçu général des troubles qui se sont passés dans le Bas-Limosin, troubles que les aristocrates nombreux de ce pays n'ont pas manqué d'exagérer avec leur malignité ordinaire, quoiqu'ils puissent bien eux-mêmes en être les auteurs secrets. Ne pouvant, dans un court espace, faire le récit des faits, nous nous bornerons à attester au public que les paysans de notre province sont en général d'un bon naturel ; que dans tous les temps ils ont été cruellement vexés ; que malgré les calomnies qu'on a débitées contre eux, ils n'ont encore tiré aucune vengeance de ces vexations ; que dans les paroisses où les seigneurs avaient été tant soit peu modérés dans leurs prétentions, ils n'ont pas fait le moindre mouvement si ce n'est pour planter des mai et se réjouir en l'honneur de la liberté ; que, dans les paroisses où le désordre a régné, ce désordre a été le fruit ou de l'imprudence, ou de la cruauté des ci-devant privilégiés ; qu'aucun de ces derniers n'a été tué ni blessé ; qu'aucun château n'a été incendié, ni pillé, proprement dit, et que du côté des paysans on compte plus de trente hommes morts et un plus grand nombre de blessés.

Ce qu'ils n'ont eu garde de dire, les perfides ennemis du peuple, c'est l'attentat qu'ils ont commis eux-mêmes en publiant la loi martiale, sans le concours ni l'aveu des municipalités, et en tirant, pour la mettre à exécution, des coups de fusil sur un peuple désarmé assemblé uniquement dans l'intention de brûler les bancs d'une église.

Ce qu'ils n'ont eu garde de dire non plus, c'est qu'ils ont fait feu les premiers sur le peuple en un autre endroit, sans qu'il ait été question en aucune manière de la loi martiale, et qu'ils ont cherché à l'amuser par de fausses caresses et des invitations à boire jusqu'au moment où ils ont été assez forts pour l'attaquer avec plus de sûreté.

Mais de tous les désastres qui affligent notre malheureuse province, le plus cruel de tous aux yeux des bons citoyens est de voir que le triomphe de l'aristocratie est consacré de la manière la plus effrayante par le tribunal prévôtal de la ville de Tulle. De soixante infortunés qui ont été traînés dans ses prisons, deux ont déjà subi une mort ignominieuse, d'autres ont été condamnés par contumace, d'autres fouettés et marqués ; et nous apprenons que ce tribunal se prépare à renouveller ces scènes d'horreur une fois chaque semaine, jusqu'à ce qu'il n'y ait plus de victimes.

Dans cette ville, pour justifier de pareilles barbaries, on fait courir le bruit que l'Assemblée nationale a envoyé des ordres secrets pour presser les jugements et les exécutions des sentences, comme si l'Assemblée nationale pouvait démentir le caractère de justice qu'elle a manifesté dans toutes les occasions, par la publicité de ses opérations, et dans un moment où elle vient de décréter la publicité de la procédure criminelle.

Qui sont cependant ces infortunés qu'on immole ainsi au ressentiment des riches privilégiés ? On croira peut-être que ce sont des vagabonds et de mauvais sujets ; non, Monsieur, ce sont pour la plupart des pères de famille, petits propriétaires, aimés et estimés dans leur canton. Un surtout, de ceux qui sont dans l'attente de leur sort (M. Durieu), est notre camarade (nous nous faisons gloire de l'avouer), et membre de la garde nationale de Brive, qui le reconnait comme un des plus zélés et des plus braves citoyens qu'elle renferme dans son sein.

Veuillez, Monsieur, en rendant publique cette lettre, faire connaître les sentiments de douleur dont sont navrés tous les bons citoyens de notre province et en particulier les soussignés :

SERRE jeune, député extraordinaire de la commune de Brive.

Faye la Cheze, député extraordinaire de la commune de Brive.

Observation. — Nous avons reçu une autre lettre d'un citoyen du Bas-Limosin, qui présente les événements de cette province sous un aspect un peu différent, mais comme cette lettre n'était pas munie de signature, nous pensons qu'elle ne balance point l'autorité de celle ci-dessus. Toute la France d'ailleurs connaît aujourd'hui le patriotisme éclairé de la ville de Brive ; on sait qu'elle a causé l'effervescence des campagnes par une adresse fraternelle et qu'elle a eu en horreur l'effusion du sang de bons laboureurs égarés par les ennemis du bien public. Si le crime de M. Durieux n'est autre que d'avoir partagé les sentiments humains de ses concitoyens de Brive, il faut bien croire qu'il ne sera pas assassiné par le couteau des aristocrates. Le prévôt de Tulle sera plus prudent que celui de Marseille.

Après cette publication et l'intervention de la commune de Paris auprès de l'Assemblée nationale, un décret fut rendu portant que le Président de l'Assemblée « se retirera par devers le roi pour le supplier de suspendre toutes les procédures dirigées par les prévôts du royaume (1) ».

C'était une sorte de blâme infligé à la cour prévôtale et à l'administration municipale de Tulle. Cette dernière fut émue et, dans sa séance du 10 mars 1790, après avoir lu la lettre publiée dans les *Annales patriotiques*, le Conseil général prit la délibération suivante :

Le Corps municipal a unanimement pensé que cette lettre inculpait trop grièvement soit les officiers de la prévôté et les juges qui les ont assistés, soit les membres de la garde nationale qui se portèrent à Favars pour secourir le château du seigneur du lieu,

---

(1) *Gazette nationale* du 8 mars 1790.

qui étoit assiégé par quatre à cinq cents paisans, enfin la commune entière, pour que le Corps municipal put garder le silence et demeurer dans l'inaction. Qu'il ne pouvoit pas voir d'un œil indifférent la détractation de ses membres qui se sont conduits avec zèle et prudence, auquel zèle l'Assemblée nationale a applaudi en chargeant, par un décret particulier, son president de lui faire des remerciements.

Quelques jours avant, en effet, le 7 mars, le président de l'Assemblée nationale avait adressé à la garde nationale de Tulle la lettre qui suit :

L'Assemblée nationale me charge, Messieurs, de vous témoigner sa satisfaction de votre conduite également sage et prudente ; les troubles qui régnaient dans le Bas-Limousin avaient excité sa sollicitude.

L'Assemblée départementale a appris avec plaisir que la tranquillité était rétablie dans cette partie du royaume, et que c'était à votre zèle et à votre courage que cet heureux retour était dû : c'est une justice que l'Assemblée nationale vous rend, par mon organe, et elle a ordonné qu'il serait fait, sur son procès-verbal, une mention honorable de votre patriotisme.

L'abbé MONTESQUIOU,
Président de l'Assemblée nationale.

Poursuivant sa séance, le Conseil général de la commune de Tulle décida, ce même jour, 10 mars 1790, de concert avec les officiers composant l'état major de la garde nationale, qu'une députation serait envoyée à l'Assemblée nationale et à la Commune de Paris pour faire rendre justice à la commune de Tulle.

M. Melon de Pradou, inaire, fut élu par le Conseil général et le lendemain, 11 mars, les volontaires de la garde nationale choisirent M. de Saint-Priest, major de la Place.

Voici textuellement le procès-verbal qui fut rédigé ce

jour par le corps municipal, les notables et les officiers de l'état-major réunis (1) :

Le Conseil général de la commune, et la garde nationalle de la ville de Tulle, justement indignés des inculpations diffamantes et seditieuses dont quelques personnes, trop interessées à déguiser la vérité, ont entaché leur conduite, et les moyens qu'ils ont pris pour ramener la paix et la tranquilité dans le Bas-Limouzin, ont arrêté d'envoyer deux députés à l'Assemblée nationale et de charger en même temps les deux députés de se présenter à la Commune de Paris.

La commune de Tulle, dont la soumission la plus entière aux décrets de l'Assemblée nationale ne peut pas être équivoque, n'a pu voir avec indifférence qu'au moment où les augustes représentants de la Nation applaudissaient à toutes les opérations dont elle leur avoit rendu compte, au moment où ils reconnaissoient que le retour de la paix dans la province étoit dû au zèle seul et au courage de la garde nationale, au moment enfin où ils chargeaient leur président de nous témoigner toute leur satisfaction, les ennemis du bien public se sont permis d'imprimer et de consigner dans les papiers nouvelles des diatribes insultans et capables de renouveller les insurrections que les volontaires avoient assoupies au prix de leur sang.

Le Conseil général et la garde nationale n'ont pu voir encore sans étonnement que ces mêmes ennemis sans doute avoient empoisonné leur zèle et leur motif dans l'esprit de la première commune du royaume, ils ont pensé qu'il étoit très intéressant de la dissuader et de remettre sous ses yeux le tableau effrayant de tous les maux qui ont affligé cette province, et un récit vrai de tout ce qui s'y est passé depuis le commencement des insurrections ; ils sont intimement convaincus de son impartialité et qu'il sera très facile de faire reprendre à la vérité tous ses droits dans son esprit.

---

(1) Arch. de la Mairie de Tulle, D. 1, V. 1, pp. 40 et s.

C'est dans cette double vue que la commune de Tulle a prié M. Melon de Pradou, maire, et M. de Saint-Priest, major de la Place, de se rendre incessament à Paris et qu'elle a donné à ces deux messieurs les pouvoirs les plus amples pour les operations suivantes :

1° *Les deux députés* demeurent authorisés à se présenter à l'Assemblée nationale pour l'assurer de nouveau du dévouement le plus respectueux de la commune de Tulle ; de son adhésion la plus entière à tous ses décrets, et, pour lui donner un témoignage assuré de ses sentiments, à mettre sous ses yeux le procès-verbal qui a été fait à l'occasion de la prestation du serment civique.

2° De dénoncer à l'Assemblée la lettre écrite au rédacteur des *Annales politiques de France* par les sieurs Serre jeune et Faye-Lachèze, se disant députés extraordinaires de la commune de Brive, et consignée dans le supplément, au n° 155, des *Annales politiques*, comme incendiaire et tendante à renouveller et fomenter les insurrections, particulièrement contre la ville de Tulle, que les autheurs n'ont pas craint de peindre aux yeux de l'Europe entière comme le siège de l'aristocratie, tandis que, de tous les côtés, la province annonce qu'elle doit son salut à la fermeté et au courage de la garde nationale de Tulle, comme calomnieuse et remplie de faits faux et démenti par le suffrage unanime de toutes les municipalités, et des procès-verbaux judiciaires. A l'effet de quoi les députés remettront sur le bureau les lettres de félicitation et offre de service des differentes municipalités, en original, et coppie des procès-verbaux faits dans les endroits où il y a eu des insurrections.

3° Ils représenteront à l'Assemblée nationale que les troubles se sont manifestés et propagés aux environs de Brive, de façon que cette ville s'est trouvée pour ainsi dire au centre des insurrections. En effet, Sarlat, Martel, Saint-Julien, Meyssac, Colonges, Curemonte, Végenes, Lissac, Favars, Saint-Germain, Allassac, Glandier, Cornil, forment un cercle et entourent Brive. Que le nommé Durieux, citoyen de Brive, cy-devant maître de billard à Tulle, que les autheurs de la lettre n'ont pas rougi de nommer leur camarade, est généralement reconnu pour être le principal

moteur de toutes les insurrections qui ont eu lieu dans les differents endroits, et qu'il doit y avoir à cet égard des preuves très
lumineuses dans l'information qui a été faite contre lui par le prévôt de la maréchaussée ; l'acharnement qu'on a démontré, les démarches qui ont été faites pour obtenir sa liberté, tous les efforts
qu'on renouvelle chaque jour pour le soustraire à la justice, lais-
sent un louche que l'Assemblée nationale peut, elle seule, appro-
fondir.

4º Les députés supplieront l'Assemblée nationale de prendre en
considération que les habitants des campagnes regardent comme
des décrets respectables des avis de ce genre, que déjà par une
suitte funeste de cette erreur il n'est que trop répandu que l'Assemblée nationale et le roi ont blamé la conduite de la garde nationale, qui s'est transportée à Favars, et des juges qui ont prononcé sur le sort des coupables ; que les autres prisonniers doivent être mis en liberté et qu'il est deffendu de les punir. Ces
impressions sont d'autant plus dangereuses que les témoins n'osent
plus parler par la crainte de retrouver dans la société les coupables et les seditieux innocentés.

5º Ils observeront encore à l'auguste Assemblée des représentants de la Nation que cette lettre et plusieurs autres libelles dis-
tribués avec profusion dans la province, et les démarches de ces
prétendus deputés de la commune de Brive, préparent des maux
incalculables, si la vérité ne triomphe pas, s'ils ne prennent des
moyens prompts et assurés pour arreter les progrès d'une conduite
criminelle et d'autant plus dangereuse qu'elle s'enveloppe sous le
voile de l'humanité et de la liberté.

6º Ils supplieront l'Assemblée nationale d'accorder à la commune de Tulle une réparation aussi publique et aussi éclatante
que l'injure et la détraction. Il sera d'autant plus facile aux députés d'établir la justice de cette demande que la ville de Brive
n'a fait d'autre démarche pour arreter les troubles que le voyage
d'Allassac, dont le succès est constaté par le procès-verbal de
cette municipalité. Le comité patriotique de la ville de Brive a,
à la verité, distribué une lettre circulaire pour le retour de la
tranquilité publique, mais dans quel moment cette lettre a-t-elle

paru ? Lorsque tout était appaisé et que les insurgents avaient été intimidés par la fermeté de la garde nationale de Tulle. Les autheurs de la lettre au redacteur des *Annales politiques* présentent le paisan de la province sous un aspect de tranquilité et de douceur, et c'est en cela seul qu'ils ont dit vrai ; la commune de Tulle est même très fortement persuadée qu'ils n'auroient commis aucune violence s'ils n'y avoient pas été excités par les ennemis de la Révolution. Mais malheureusement elles existent ces violences et quoiqu'en disent les sieurs Serre et Lachèze les informations en fourmillent et en presentent d'un genre à faire craindre les suittes les plus désastreuses, si elles n'avoient été arrêtées promptement. On a commencé par des plantations de mais, on a planté ensuitte des potences avec menace d'y attacher ceux qui payeraient la rente, on a fini par saccager, à main armée, les chateaux et les maisons des particuliers, à faire feu sur la maréchaussée et les milices nationales qui vouloient dissiper les attroupements. On ne parle pas de la destruction des étangs et des bans dans les eglises, dans une grande partie de la province.

7º Enfin les députés sont authorisés et requis de se présenter à la Commune de Paris pour l'assurer de la droiture et de la pureté des sentiments du corps municipal et de la garde nationale de Tulle, de lui présenter un mémoire circonstancié, appuyé des pièces justificatives, contenant, dans le plus grand détail, tout ce qui s'est passé dans la province pendant les insurrections qui les ont infestées. Enfin de supplier cette Commune d'écarter les idées tiranniques, inhumaines et aristocratiques qu'on a jetté sur la commune de Tulle. Cette ville s'est toujours distinguée par le patriotisme le plus décidé, elle vient de le consacrer par un zèle des plus ardents à prêter le serment civique, sur une simple invitation de cette municipalité. Les députés agiront de tout leur pouvoir pour engager cette Commune à rendre son estime et son amitié à des citoyens qui en sont dignes et qui se feront toujours une gloire de la mériter.

Au surplus, messieurs les députés sont authorisés par la présente délibération à faire toutes les dépenses qu'ils jugeront convenables pour frais d'impression et autres qu'ils jugeront nécessaires, pour la réussite de leur mission, qu'on leur passera sur leur simple mémoire. Ils sont priés de redoubler de zèle et d'activité pour obtenir une prompte décision, la communauté leur donnant à cet égard les pouvoirs les plus généraux, et comme la caisse de la municipalité se trouve épuisée pour faire les fonds nécessaires à la présente députation, il a été fait une invitation patriotique à tous les citoyens aisés de contribuer, suivant leur générosité. Cette invitation a produit la somme de ..... qui a été remise aux députés avec promesse de la part de la commune de parfournir si besoin est, en cas d'insuffisance.

Le corps municipal, notables et officiers de la garde municipale, invitent tous les bons citoyens natifs de Tulle, résidants à Paris, de concourir avec les députés pour la réussite des vœux de la commune.

Fait ledit jour (11 mars 1790).

Ont signé :

Darcambal ; Chadabet ; Rabanide ; Leyx ; Lasalvanie, chanoine ; Floucaud ; Moussours ; Mesnager, prêtre, officier municipal ; Lanot fils, aide major ; Floucaud, colonel ; Sudour, officier municipal ; Laborderie ; Faugeyron ; Sclafer de Chabrignac, officier municipal ; Bonie ; Beril, notable.

La somme remise aux députés n'est pas mentionnée sur le registre des délibérations du Conseil, à la date du procès-verbal ci-dessus, mais nous avons trouvé plus tard le compte des dépenses faites par MM. Melon de Pradou et de Saint-Priest pour voyage, frais de séjour à Paris, impressions, etc. Il fut approuvé par le Conseil général de la commune le 19 août 1790 et s'élevait à la somme de trois mille six cent quatre-vingt-une livres sept sols.

Le produit de la souscription qui fut ouverte au moment du départ de ces messieurs s'éleva à la somme de

1.560 livres, mais la municipalité, la trouvant insuffisante, il fut décidé qu'une somme de 840 livres serait empruntée pour compléter celle de 2.400 livres, jugée nécessaire aux deux députés. Sur la demande qui lui en fut faite par l'administration municipale, M. Brossard, notable, voulut bien en faire l'avance. Le compte se liquide donc, au 19 août 1790, par une somme de 1.281 livres et 7 sols due à MM. Melon de Pradou et de Saint-Priest. Mais une note ajoutée, de la main de M. de Saint-Priest, au registre des délibérations du Conseil général de la commune, à la date du 16 août 1790, porte :

Je soussigné, faisant tant pour moi que pour M. Melon Pradou, déclare que les officiers du présidial de cette ville ont remis à M. Melon Pradou la somme de cent soixante quatorze livres, ce qui réduit les avances des deputés extraordinaires à la somme de onze cens sept livres sept sols.

A Tulle, le trois décembre mil sept cens quatre vingt dix.

St-Priest.

Pour en terminer avec ces dépenses et ces dettes, disons que la somme empruntée à M. Brossard fut remboursée en avril 1790 et que ce remboursement fut prélevé sur les fonds prêtés par les citoyens de la ville pour alimenter le grenier public ! comme l'indique la délibération prise par le Conseil le 25 avril 1790 (1).

Quel singulier virement de fonds !

Le jour même où fut prise la longue délibération que nous venons de reproduire, le Conseil général de la commune tint une troisième séance dans laquelle il fut décidé

---

(1) Tous ces faits sont relatés dans les divers procès-verbaux du Conseil général de la commune de Tulle, volume D. 1, 1785-1792, des Archives de la ville.

que MM. Villeneuve et Sclafer de Chabrignac, avocat, officiers municipaux, et M. Leyx, lieutenant général en l'élection, notable de la ville de Tulle, seraient priés de se transporter dès le lendemain dans les villes de Corrèze, Egletous, Meymac, Ussel, Bort, Saint-Angel et Neuvic ; que M. Faugerou, avocat, officier municipal, et M. Darcambal, major du régiment de Tulle, se transporteraient dans les villes d'Allassac, Uzerche et Treignac ; MM. Latot, avocat et aide-major du régiment, et Floucaud, colonel du régiment de Tulle, se transporteraient dans les villes d'Argentat, Servières et Beaulieu, à l'effet d'inviter ces communes et autres de leur voisinage, si leurs dépu · tés le jugeaient nécessaire, « pour constater de la manière la plus autantique les calomnies et les impostures dont les sieurs Serre et Lachèze se sont rendus coupables envers nos citoyens par leurs sarcasmes et leurs diatribes auxquels ils ont donné la plus grande publicité..... ».

MM. Melon de Pradou et de Saint-Priest, en se rendant à Paris, s'arrêtèrent à Uzerche où la municipalité de cette ville leur fit un chaleureux accueil et leur donna procuration, « par élection, aux fins d'agir tant au nom de cette municipalité, véritablement recommandable, qu'en celui de la commune de Tulle (1). » Cette municipalité prit une délibération dont le procès-verbal est très détaillé au sujet de cette affaire Serre et Lachèze et conclut que de concert avec les principales villes du Bas-Limousin il sera envoyé une députation à l'Assemblée nationale « pour faire plus amplement connaître le véritable principe des désordres arrivés dans le Bas-Limousin. » (2).

La nouvelle municipalité de Brive avait, dans un but

---

(1) Archives de la Mairie de Tulle, D. 1, V. 1, p. 46.

(2) Extrait des Registres de la commune d'Uzerche. — Délibérations du 11 mars 1790.

de conciliation, pour ainsi dire désavoué les écrits des représentants Serre et Fage : elle avait trouvé les termes exagérés, mais les déclarations que la commune d'Uzerche avait envoyées à tout le Bas-Limousin et surtout la mission qu'elle avait confiée aux députés extraordinaires de Tulle de la représenter auprès de l'Assemblée nationale et de la commune de Paris, mirent le feu aux poudres de la municipalité briviste qui envoya à Paris deux nouveaux députés.

Nous n'entrerons pas ici dans les détails de la lutte qui eût lieu à Paris entre MM. Melon de Pradou et de Saint-Priech, députés de Tulle et d'Uzerche, et MM. Serre, Desailleux, procureur de la commune de Brive, et Lachèze, avocat, députés de Brive. Cette lutte fut longue, très vive ; toutes les animosités s'y donnèrent libre cours. Les *mémoires* répondaient aux *mémoires*. Les épithètes ne furent épargnées ni d'un côté ni de l'autre.

Au plus fort de la bataille, M. Brival, procureur du roi au présidial de Tulle, qui avait prononcé le réquisitoire contre les accusés de Favars, et qui était alors procureur élu de la commune de Tulle, se rendit à Paris et, comme nous l'avons déjà vu, dénonça le tribunal prévôtal pour avoir *prononcé des peines de mort contre des malheureux seulement soupçonnés de crime !*

Cette intervention de M. Brival augmenta le zèle des députés de Brive. Elle fut sensible aux députés de Tulle qui y virent un nouvel ennemi à combattre, puisqu'ils s'étaient solidarisés avec les magistrats que dénonçait M. Brival. Ils écrivirent incontinent à leurs commettants. Une lettre fut adressée à la municipalité, l'autre à la garde nationale. Celle lue en séance du Conseil du 2 juin 1790, annonçait que M. Brival s'était présenté au club des jacobins de Paris et « avait débité une diatribe insultante au tribunal qui a prononcé sur le sort des prisonniers faits à Favars » et qu'il s'était fait inscrire pour paraître, et prendre la parole, à la barre de l'Assemblée nationale, dans le but d'y renouveler ses accusations.

Le Conseil général, dans une séance des plus mouvementées, rédigea et envoya à ses députés un procès-verbal violent dans lequel M. Brival fut plus ou moins justement incriminé, mais où se lit la passion haineuse et le parti-pris.

Beaucoup des accusations portées contre **M. Brival** ayant été reconnues fausses plus tard, même par ses ennemis, nous nous abstiendrons de donner ici ce long réquisitoire de la municipalité ; un des considérants mérite cependant d'être cité :

Considérant que l'on ne peut point inculper le siège prévôtal, composé du Prévôt et du Présidial, d'avoir condamné à mort deux accusés sans blâmer en même temps la garde nationale qui les avait arrêtés, et repoussé la violence des attroupements, que si les accusés n'etoient pas coupables, la garde nationale le seroit beaucoup de les avoir chargés, dissipés, enfin d'avoir déployé contre eux toute la force militaire.

Considérant que le siège présidial ne peut être entaché sans que l'effet de l'inculpation ne tombe sur la commune... donne pouvoir à MM. Melon de Pradou et de Saint-Priech d'employer tous les moyens possibles pour faire connaître l'injustice et l'inconséquence des procédés du sieur Brival.

Voilà l'origine des discussions qui plus tard eurent les résultats les plus funestes, ainsi que nous l'avons déjà indiqué dans un précédent travail et sur lesquelles nous reviendrons avant de terminer celui-ci (1).

---

(1) Fêtes nationales et Cérémonies publiques à Tulle.

La municipalité avait voulu se solidariser avec le Prévôt de la maréchaussée et avec les juges du Présidial. Ce fut une grande faute : dans l'affaire de Favars, la garde nationale et la municipalité pouvaient avoir fait leur devoir en arrêtant quelques paysans insurgés, mais cela n'impliquait pas que la cour prévôtale eût justement condamné ces mêmes paysans *à la peine de mort*, alors que l'accusateur public, le procureur du roi, demandait sinon l'acquittement, tout au moins la révision de la procédure.

M. Brival fut reçu à la barre de l'Assemblée nationale le 31 mai 1790. Cette Assemblée déféra les condamnés de Favars devant un autre tribunal. Un décret ordonna qu'au lieu d'être jugés par une cour prévôtale (tribunal d'exception) les crimes et attentats commis lors des émeutes ou attroupements, dans le Bas-Limonsin, seraient jugés par le Présidial de Limoges (tribunal ordinaire).

Malgré les nouvelles protestations du Conseil général de Tulle, le tribunal prévôtal ne pût obtenir gain de cause, et, nous le savons déjà, les accusés et condamnés furent plus tard acquittés, ce qui fût la condamnation définitive du tribunal prévôtal et de ses partisans. Mais, hélas ! cela ne rendit pas la vie aux malheureux paysans qui avaient été pendus !

Le 10 juillet 1790, M. Brival était de retour à Tulle. Nous verrons plus loin que peu de jours après, fin juillet, les 35 nouveaux administrateurs du département de la Corrèze le choisissaient comme procureur général syndic, la plus haute dignité du nouveau département. C'était un triomphe !

CHAPITRE V

La misère à Tulle. — Le grenier public. — Formation du département de la Corrèze. — Les élections. — M. Brival, procureur général syndic du département. — La confédération des gardes nationales. — La prestation du serment civique. — L'incident du Royal-Navarre.

Pendant que l'administration municipale était occupée à se défendre contre les attaques des ennemis de la cour prévôtale, le grenier public se vidait, la misère se faisait plus fortement sentir à Tulle et aux environs. Le comité qui distribuait du pain aux miséreux avait annoncé que ce secours allait être supprimé. La ville entière fut émue et de nombreuses réclamations furent apportées aux officiers municipaux.

Dans une séance du Conseil général un de ces messieurs disait (1) :

Que la suspension de la distribution du pain, qu'on avait annoncée, avoit jeté l'alarme et l'inquiétude dans l'esprit du peuple ; que cette suspension, faite dans un temps où le grain augmentait, pourrait entraîner avec elle quelque fermentation dangereuse ; qu'il serait peut-être prudent, pour satisfaire le public et répondre à l'intention des prêteurs, de continuer la distribution du

---

(1) Arch. de la Mairie de Tulle, D. 1, V. 1, p. 48 v., séance du 24 mars 1790.

pain, mais qu'il étoit indispensable de corriger les abus innombrables qui s'y étaient glissés ; qu'il était public et notoire que beaucoup de personnes faisaient une espèce de commerce du pain qu'ils recevaient, que d'autres se presentaient pour en recevoir, quoiqu'ils ne fussent pas dans cette classe diseteuse, que l'intention de la commune et des prêteurs est de soulager. Enfin il a été observé que cette distribution étoit si pénible que le nombre de six commissaires ne pouvoit pas y suffire.

Le Conseil décida que les distributions de pain ne seraient pas interrompues, qu'elles se continueraient de la même manière que par le passé, priant MM. les Commissaires de prendre les mesures nécessaires pour éviter les abus. M. Meynard, officier municipal, et M. Brival, procureur de la commune, furent adjoints aux commissaires pour ces distributions.

Les marchés de la ville étaient peu approvisionnés en grains, les besoins de la population devenaient chaque jour plus pressants ; le grenier public était presque vide, force était donc à la municipalité d'y pourvoir. Un des notables, M. Brossard, qui avait été jusqu'à ce moment chargé de l'approvisionnement du grenier public, fut prié de correspondre avec les marchands de Bordeaux, Montauban et autres, et de s'entendre avec eux « pour y faire acheter autant de grain que faire se pourroit et de prendre les mesures les plus sûres pour que le grain arrive promptement ».

Le grenier public de Tulle vendait à chaque marché 115 à 116 setiers de seigle, quantité considérable qui cependant augmentait de plus en plus ; mais l'apport des seigles de la montagne à Tulle diminuait. Les municipalités du haut pays craignaient, disait-on, de se départir de leurs récoltes, ce qui incita le procureur de la commune à demander que toute espèce de droit d'entrée et de mesurage sur les blés fussent supprimés jusqu'à la prochaine récolte.

Le 11 avril, nouvelle délibération du Conseil au sujet de l'approvisionnement du seigle. Il est décidé que M. Floucaud dé la Pénardille, juge de la bourse de Tulle, et M. Brival, se rendraient auprès de la municipalité de Clermont-Ferrand et de « toutes autres personnes s'il le fallait » pour se procurer le seigle nécessaire à l'alimentation de la ville.

Le grenier public fonctionna jusqu'en octobre 1790. Le 28 novembre de cette même année, M. Lacombe-Roussel, officier municipal, en qualité de trésorier du comité de subsistances, présenta le compte de l'emprunt patriotique montant à la somme de 67,188 livres 3 sols 3 deniers qu'il avait reçue, et de la dépense de 67,177 livres 11 sols 6 deniers ; de sorte que la recette excédait la dépense de 10 livres 11 sols 9 deniers.

Il fut décidé que le compte général de l'achat et vente des grains, avec les noms des généreuses personnes qui avaient participé au prêt patriotique par les différentes sommes qu'elles avaient remises aux commissaires, seraient imprimés, publiés et affichés.

Quelques mois avant ces évènements, l'Assemblée constituante, par les lois des 22 décembre 1789 et 8 janvier 1790, avait décidé que le territoire des anciennes provinces de la France serait divisé en *départements* dont la circonscription devait être substituée à celle des *généralités*.

En vertu d'un brevet en date du 6 mars 1790, M. l'abbé Fénis de Lacombe, grand prévôt de la cathédrale de Tulle, abbé commandataire de Boscheaut ; de Chiniac, lieutenant général de la sénéchaussée d'Uzerche, et Malden de la Bastille, lieutenant général au siège sénéchal et présidial de Brive, furent nommés commissaires pour la formation du département de la Corrèze. Ils prêtèrent le serment civique dans la séance du Conseil de la commune de Tulle, tenue le 7 avril 1790.

Ces opérations durèrent jusqu'en juillet.

Le Bas-Limousin devint le département de la Corrèze. Les conditions géographiques furent peu modifiées, sauf pour la partie comprise entre Tulle et Limoges : Lubersac et Chamberet, qui appartenaient au Haut-Limousin, furent compris dans le département de la Corrèze ; quelques autres paroisses de cette région furent partagées entre la Haute-Vienne et la Corrèze.

Tous les rouages administratifs étant nouveaux et les autorités nommées par élection, ces quelques mois, d'avril à juillet, se passèrent en préparatifs électoraux et en journées de vote. Enfin, le 17 juin, les commissaires du roi fixèrent au 6 juillet la réunion des électeurs des villes et des cantons.

Le district de Tulle avait 121 électeurs, celui de Brive 108, Uzerche 102 et Ussel 57, soit un total de 388 membres réunis dans l'église des Feuillants, à Tulle, chef-lieu départemental, pour procéder à la nomination des administrateurs du département. Ces élections commencèrent le 10 juillet et ne furent terminées que le 24 du même mois.

Furent élus :

MEMBRES DU DIRECTOIRE

Jean BORIE, avocat à Labrunie, canton de Meyssac, district de Brive ;

Antoine SAUTY, ci-devant CHALOU, avocat à Ussel, canton d'Ussel, district d'Ussel ;

Hyacinthe USSEL, ci-devant COMTE D'USSEL, canton d'Ussel, district d'Ussel ;

Jean CHAPELAS, citoyen à Treignac, canton de Treignac, district d'Uzerche ;

Noël OUFFAURE, notaire à Pompadour, canton de Lubersac, district d'Uzerche ;

Antoine MARBOT, citoyen à Altillac, canton de Mercœur, district de Tulle ;

Guillaume BACHELLERIE, citoyen à Brive, canton de Brive, district de Brive ;

François-Hélène VILLENEUVE, avccat à Tulle, canton de Tulle, qui fut *désigné pour faire les fonctions du procureur général syndic en son absence.*

ADMINISTRATEURS

District de Tulle

Jean DELZORS, avocat à Saint-Julien-d'Albois, canton de Servières ;

Pierre LESTOURGIE, médecin à Argentac, canton d'Argentac ;

Barthelemy LACOSTE, avocat à Egleton, canton d'Egleton ;

Symphorien DELON, notaire à Saint-Hilaire-le-Peyroux, canton de Chameyrac ;

Alexis BORDERIE-VERNÉJOUX, de Tulle, canton de Tulle.

District de Brive

Pierre-Raymond LAFON, avocat à Beaulieu, canton de Beaulieu ;

Pierre MARCHANT, avocat à Larche, canton de Larche ;

Pierre MONTEIL, notaire à Dagnac, canton de Brive ;

Jean-François LAGUARIQUE, avocat à Turenne, canton de Turenne ;

Joseph-Louis LACOSTE, avocat à Queyssac, canton de Beaulieu ;

Jean-Baptiste CRAUFFON, avocat à Beynat, canton de Beynat ;

Léonard BERTHY, notaire à Yssandon, canton d'Ayen.

District d'Uzerche

François GERMINIAC, médecin du lieu de Germiniac, paroisse de Beyssac, canton de Ségur ;

Arnaud MATERRE, avocat à Treignac, canton de Treignac ;

Léonard MONDAT, avocat à Uzerche, canton d'Uzerche ;

Noël CHASSAGNAC, avocat à Juillac, canton de Juillac ;

Joseph POUMEAU-POUYADE, avocat à Genis, canton de Juillac ;

Pierre RIVIÈRE, médecin à Chamboulive, canton de Chamboulive ;

Jean-Baptiste LAVOURADE, avocat à Troches, canton de Vigeois ;

François DELORT, avocat à Uzerche, canton d'Uzerche.

District d'Ussel

Léonard-François LACAZE, médecin à Neuvic, canton de Neuvic ;

Jacques TREICH, notaire à Meymac, canton de Meymac.

François LIGNARIES, citoyen à Arluc, canton de Bugeat ;

CHATEAU fils, citoyen à Bort, canton de Bort ;

Jean-Baptiste YVERNAT, négociant à Bort, canton de Bort,

Antoine LABOUNOU, avocat à Saint-Angel, canton de Saint-Angel ;

Antoine PLAZANET aîné, citoyen à Peyrelevade, canton de Sornac.

Les membres du corps administratif ci-dessus dénommés procédèrent ensuite à l'élection du *procureur général syndic du département*.

M. BRIVAL, procureur de la commune de Tulle, fut élu à cette haute dignité.

Aussitôt l'administration départementale installée, le corps municipal tînt à honneur de lui présenter ses compliments et, par une délibération en date du 26 juillet 1790, M. Sclafer fut chargé de faire un discours à l'As-

semblée, réunie le même jour dans une des salles du col·
lège.

Voici sa harangue (1) :

Messieurs,

La place de confiance à laquelle nos concitoyens nous ont élevés
nous impose de grands devoirs, nous en remplissons un bien cher
à nos cœurs en rendant au corps électoral du département de la
Corrèze l'hommage d'une cité qui éternisera dans ses fastes l'avan-
tage qu'elle a de posséder cette brillante assemblée dans l'enceinte de ses murs.

Le choix libre que vos communes ont fait, Messieurs, rappelle
seul votre éloge. Elles ont rendu justice à vos talents, à votre
patriotisme et à vos vertus. Une pareille élection ne peut être que
le plus heureux présage pour la formation de ce département, et
nous est garant que le choix de ses administrateurs remplira parfaitement nos vœux.

Nous devrions un tribut d'éloges à M. le Président, mais, Messieurs, la place dont vous l'avez trouvé digne l'honore plus que
tous ceux que nous pourrions lui donner ; d'ailleurs la modestie
qui couronne ses vertus nous prescrit de nous taire (2).

Et vous, Monsieur, qui avez rempli si dignement les fonctions
municipales dans les temps les plus difficiles et qui vous acquittez
avec la même distinction de celles qui vous sont confiées dans
cette auguste Assemblée, recevez le témoignage de notre satisfaction et de notre attachement.

Les louanges que vos vertus et vos talents méritent, Messieurs,
n'ajouteroient rien à celle que le choix de vos collègues vous ont
manifestées en confiant à votre justice et à votre sagesse la vérification de leurs suffrages.

Nous ne finirions pas, Messieurs, s'il nous était permis d'exprimer nos sentiments respectifs pour chacun de vous, mais notre

---

(1) Arch. de la Mairie de Tulle, D. 1, V. 1, pp. 75 et s.

(2) Le président élu par les administrateurs était M. François Germiniac,
médecin.

insuffisance et la perte d'un temps précieux pour vos opérations imposent à nos cœurs la loi rigoureuse du silence.

L'Assemblée nationale avance à grands pas dans sa pénible car-rière ; personne n'ignore l'importance qu'elle attache dans la formation des départements, et ses devoirs à les voir promptement organisés. Est-il rien, en effet, de plus capable d'affermir la nouvelle constitution, qui est admirée de tout l'univers, et que la majeure partie des peuples désire d'adopter ; les peuples demandent à vivre libres, sous le régime des lois ; il était réservé aux représentants du plus bel empire du monde de briser les fers des Français et peut être de tous les peuples.

A leur exemple, quels changements, Messieurs, ne se sont pas opérés dans moins d'une année, et quelles actions de grâce n'avons-nous pas à rendre à l'auguste Assemblée nationale de nous avoir rendu libres.

Les Français ont gémi pendant plusieurs siècles sous le despotisme des ministres, du haut clergé, et de la majeure partie de la noblesse. Ces temps sont passés, Messieurs, les ministres sont comptables de leurs actions, le régime féodal, qui a pesé si longtemps sur nos têtes, est entièrement aboli ; les distinctions d'ordre n'existent plus ; tous les citoyens peuvent participer à toutes les places, ecclésiastiques, civiles et militaires. Tous les individus contribueront également au support des charges de l'Etat. Par la suppression d'une partie de ses immenses revenus, le haut clergé ne pourra plus établir son faste asiatique, il occupera la place que la hiérarchie lui fixoit, les titres de ses sujets oisifs et inutiles sont supprimés ; il sera enfin forcé d'être utile à sa patrie. Le clergé du second ordre qui supportoit seul les pénibles travaux du ministère, et dont il étoit si mal récompensé, a déjà obtenu l'assurance d'un meilleur sort, plus proportionné à ses services continus. La Diète auguste lui fait encore espérer, dans peu de temps, un traitement plus considérable qui le mettra à portée de secourir plus efficacement l'indigent et l'opprimé.

Il n'existe plus de noblesse héréditaire, les titres et les qualifications, dont plusieurs se paraient, sont supprimés pour toujours. Les murs de nos temples ne seront plus salis de ceintures funèbres, ils ne nous rappelleront plus les cy devant seigneurs, dont un grand nombre n'avait jamais bien mérité de la patrie. Les châteaux ne nous offriront plus leurs fastueuses armoiries et autres emblêmes inventés par le régime féodal ; on ne prodiguera plus l'encen qui ne doit brûler que pour la divinité ; la noblesse ne résidera désormais que dans la vertu et dans les talents ; le peuple français ne fera qu'une seule famille et son cri de ralliement sera : *Vivre libre ou mourir* !

La contre-révolution, dont les ennemis de la France nous menacent, est impossible, tous leurs efforts sont inutiles, si nous sommes unis.

Les confédérations de presque tous les départements du royaume ont cimenté cette union qui est indissoluble, celle de la capitale doit faire frissonner tous les gens mal intentionnés. Comment seroit-il possible que des millions de gardes nationales représentant vingt-quatre millions d'hommes confédérés ne fissent pas trembler les ennemis de l'Etat et de la Constitution ; leurs intérêts les plus chers leur prescrivent de se prêter aux circonstances impérieuses où ils se trouvent et s'ils osaient braver le peuple et propager l'aristocratie, dont ils ont fait preuve dans d'autres temps, ils en seraient les premières victimes et peut-être payeraient-ils de leur tête leur coupable décision.

La commune de Paris et M. de Lafayette, commandant général de sa garde nationale, invitent toute la France à la prestation du serment civique pour le quatorze de ce mois, ils désirent que tous les Français soient rassemblés à midy qui est l'heure où la confédération nationale doit avoir lieu dans la capitale, afin que ce serment soit prononcé de concert et au même instant par tous les habitants, et dans toutes les parties de l'empire.

Le corps municipal vous prie, Messieurs, par notre organe, de vouloir assister à cette fête patriotique qui sera célébrée dans le même lieu où la confédération générale de ce département fut solennisée le quatre de ce mois (1). Cette place sera désormais

---

(1) Nous avons donné les détails de cette fête dans notre travail sur les *Fêtes nationales et cérémonies publiques à Tulle sous la Révolution et la première République.* — Imp. Roche, à Brive, 1904.

appelée la *Place de la Fédération du département de la Corrèze*, et la cérémonie du pacte fédératif s'y renouvellera tous les ans à la même époque.

Peu de jours après, les électeurs du district de Tulle avaient élu leurs représentants, ce qui fut annoncé en ville par la grande cloche et des salves d'artillerie, comme cela avait eu lieu pour l'élection des administrateurs du département.

Le 29 juillet le corps municipal, en costume (1), se rendit dans une des salles du couvent des Feuillants (aujour · d'hui école normale de filles) pour féliciter l'administration du district de Tulle qui était ainsi composée :

Directoire du District : MM. Parjadis aîné ; Duval, avocat ; Montbrial, féodiste ; Chadabech, notable, et Brivezac, secrétaire.

Membres de l'administration du District : MM. Bonaventure Brossard, président ; Jean-Joseph Testut, maire d'Argentat ; Pierre Montbrial ; Pierre-Joseph Parjadis aîné ; Jean Bourdet, maire ; Antoine de Meillac, maire ; Léonard Besse, maire à Rozier ; Pierre Chadabech, notable ; Jean Foucher, maire de Servières ; Martial Leyrat, de Gimel ; François Duval, avocat à Tulle ; Jean Chastrusse, maire d'Albussac.

Procureur syndic du District : M. Joseph-Anne Vialle, fils, avocat.

Ces diverses élections pour la composition des administrations du département et du district privèrent le corps municipal de Tulle de plusieurs de ses membres, il fut donc procédé au remplacement des manquants.

Le poste d'officier municipal, vacant par suite de la nomination de M. Villeneuve au Directoire du départe-

---

(1) Les officiers municipaux portaient encore l'ancien uniforme, ce ne fut qu'après la loi de brumaire an IV (octobre 1795) que parurent les nouveaux costumes. Nous en avons donné la description dans notre travail sur les *Fêtes nationales et cérémonies publiques à Tulle*, pages 85 et suivantes.

ment, devait être occupé par M. de Vernéjoux, premier notable, mais il ne put accepter, venant, lui aussi, d'être élu membre de l'administration départementale. Le poste d'officier municipal fut donc offert, selon la loi, à M. Rabanide, second notable, qui le refusa, prétextant que ses nombreuses occupations d'avocat absorbaient tout son temps. Le Père jésuite Lanneau de Marey, troisième no· table, ne pouvait remplir ces fonctions, n'étant plus citoyen de Tulle. M. Vialle père, avocat, ayant, pour les mêmes motifs que M. Rabanide, décliné l'honneur des fonctions d'officier municipal, M. Floucaud, vieux, cinquième notable, les accepta. Il prêta le serment obli· gatoire le 11 août 1790, et fut installé ce même jour.

Le 20 août 1790, la grande cloche de la cathédrale et l'artillerie de la ville annonçait aux habitants que les électeurs avaient choisi M. Sclafer, avocat, officier municipal, pour procureur de la commune, il prêta serment le lendemain 21 août et fut aussitôt installé dans ses nouvelles fonctions.

M. Moussour, procureur (dix-septième notable !), remplaça M. Sclafer en qualité d'officier municipal.

Voilà bien le moment transitoire arrivé pour notre municipalité tulloise. Le vieux parti n'osait et ne pouvait brusquement se souder au nouveau. Les élections générales pour la formation des administrations du département et du district avaient été favorables aux candidats républicains révolutionnaires, mais la municipalité tulloise n'ayant pas été renouvelée, les anciens notables n'osaient encore se prononcer ouvertement en faveur du nouveau régime. C'est pourquoi nous voyons cette municipalité, en quête d'un officier municipal manquant, être obligée d'offrir successivement et vainement ce poste depuis le premier jusqu'au dix-septième notable !... Il n'y en avait plus qu'un seul à prier !

L'édifice municipal menaçait ruine, il ne tarda pas à

crouler ! Nous verrons dans un autre travail qu'il fut réédifié avec des éléments nettement républicains (1), tout en conservant cependant la base instable des partisans inavoués de l'ancien régime.

Pendant que s'opérait l'organisation du département, du district et de la commune, la municipalité de Tulle recevait communication de lettres émanant des gardes nationales de Poitiers et du Puy-en-Velay, lettres adressées à la garde nationale de Tulle, dans le but de former « une coalition et une réunion de forces pour le soutien de la Constitution et intimider les ennemis de la Révolution (2) ». Ces propositions, agréables à la garde nationale et à la population, furent adoptées par la municipalité. Deux mois après, le 18 juin, un discours des plus patriotiques fut prononcé, en séance du Conseil, par M. Sudour, faisant fonctions de procureur de la commune. Il fut décidé qu'une confédération aurait lieu à Tulle le 4 juillet, pour la prestation du serment civique et que toutes les municipalités du département de la Corrèze y seraient invitées « à la réquisition de MM. les officiers municipaux et des gardes nationales du même département et autres étrangères, qui seront également invitées par la légion de Tulle ».

Nous ne reproduirons pas ici le programme et le procès-verbal de cette fête, nous les avons donnés dans un précédent travail (3), mais il nous faut mentionner un grave incident qui eut lieu au cours de la cérémonie.

Après une messe qui venait d'être célébrée par le P. Lanneau, clerc régulier théatin, préfet du collège de Tulle et premier aumônier de la garde nationale, assisté du P. Guerrier, clerc théatin, professeur de rhétorique du même collège et second aumônier de la garde nationale,

---

(1) *Les Thermidoriens tullois* que nous publierons prochainement.
(2) Arch. de la Mairie de Tulle, D. 1, V. 1, p. 56.
(3) *Les Fêtes nationales et cérémonies publiques.*

le Maire de Tulle, du haut de l'autel, prononça la formule du serment civique :

Maintenir de tout son pouvoir la Constitution du royaume, être fidèle à la nation, à la loi et au roi.

Il reçut ensuite le serment des aumôniers, des membres du corps électoral, de la municipalité, etc., par les mots : *Je le jure*, que chacun répéta à haute voix, avec un joyeux élan.

Après le serment individuel, chaque corps, chaque compagnie le répéta en chœur avec un enthousiasme indescriptible, nous disent les documents de l'époque. Les gardes nationales et le peuple, à l'envi, manifestaient leur joie. Dans un ensemble touchant, les fusils, les sabres furent élevés, les chapeaux étaient au bout de cha que arme, les vivats redoublaient. Seul un officier faisait caracoler son cheval à travers la foule joyeuse, semblant protester contre l'allégresse universelle. C'était le commandant de l'escadron du régiment de cavalerie, envoyé à Tulle depuis quelques mois à la suite de l'affaire de Favars.

Les gardes nationaux, qu'effrayaient les gambades du cheval de cet officier, sont refoulés ; mais une poussée rapide se produit ; le cheval est maîtrisé et chacun demande au cavalier de s'unir à la joie générale. Il proteste..., il refuse, malgré les objurgations de la foule qui devient menaçante...

Le calme se rétablit pourtant et la fin de la cérémonie se poursuit sans autre incident.

Cette scène eût cependant, plus tard, une suite tragique : la mort du capitaine de Masset. Mais ce n'est pas ici la place de cet important épisode révolutionnaire de notre ville de Tulle, nous en avons fait l'objet d'un travail spécial : *Le Royal-Navarre-Cavalerie et ses chefs en Corrèze*, auquel nous renvoyons les lecteurs que cela pourrait intéresser (1).

---

(1) Voir le *Bulletin* de la « Société scientifique et historique » de Brive, 1905.

Les administrations départementales et des distriets fonctionnaient, les anciennes cours prévôtales, les sénéchaussées et les justices seigneuriales, avaient fait place à des tribunaux dont les juges étaient élus par les citoyens. Toutes les autorités ressortissaient les unes des autres. L'ère de la souveraineté du peuple allait luire.

La municipalité tulloise croyait en des jours meilleurs. Elle était convaincue de l'apaisement général, elle écrivait même : « Le département de la Corrèze jouit heureusement de la paix et de la tranquillité. Les détachements du régiment de Royal Navarre qui sont à Tulle ainsi qu'à Allassac suffisent dans ce moment pour la maintenir et supplie l'Assemblée nationale d'arreter la marche des troupes destinées pour ce département (1) ».

Les édiles tullois n'avaient plus peur, la suite de notre travail sur la Révolution à Tulle nous dira s'ils avaient raison.

En résumé, nous croyons que cette période des années 1789-1790 fut bien réellement à Tulle la *période de la peur* :

Peur des brigands qui fort heureusement ne vinrent jamais dans la contrée. — Peur de manquer de grain, ce qui fut évité par la générosité des habitants aisés de Tulle. — Peur de voir la ville envahie par les campagnards des environs, mais la modération de nos paysans les empêcha de se porter à cet excès.

Il y eut très heureusement plus de peur que de mal.

F I N

---

(1) Registre D. 1, V. 1, page 66 v° des Archives de la Mairie de Tulle.

OUVRAGES DU MÊME AUTEUR
Victor Forot, à Bourrelou, Tulle

———

Un chemin de fer en Tyrol méridional, in-4º de 16 pages avec
34 plans ou dessins des travaux exécutés. 1re édition. — Imp.
Scotoni et Vitti, à Trente (Tyrol autrichien), 1895.

2c Edition, imp. Mazeyrie, à Tulle 1899 (ce travail a obtenu une
médaille d'argent à l'Exposition universelle de Paris, en 1900).

*Album des plans et dessins de détails des travaux exécutés pour
un chemin de fer à la voie de 1 m. 50*. Deux vol. in-4º contenant environ 400 planches. — Imp. de l'Institut géographique
militaire d'Autriche. — Vienne , 1895.

Etude sur les Monnaies et Médailles antiques et modernes, grand
in-8º. — Imp. Scotoni et Vitti, à Trente, 1897.

Le Maître Autel de Naves et son Rétable, ouvrage orné d'une
carte de la Commune et de 21 simili-gravures hors texte. —
Imp. Mazeyrie, à Tulle, 1902.

La Guerre des Bonnets à Tulle, épisode révolutionnaire en 1792,
in-8º. — Imp. la Gutenberg, à Tulle, 1903.

Une Vicairie civile en Bas-Limousin, anciennes divisions territo-
riales et administratives du ixc au xiie siècles, avec 2 cartes et
13 gravures, in-8º. — Imp. Mazeyrie, à Tulle, 1903.

Arrestation à Tulle sous la Terreur, épisodes révolutionnaires en
1793-1794, in-8º. — Imp Crauffon, à Tulle, 1904.

Les Sculptures de l'Eglise de Naves, album de 21 phototypies
d'un chef-d'œuvre du xviie siècle, in-8º. — Imp. Crauffon,
à Tulle, 1904.

*Les Fêtes nationales et Cérémonies publiques à Tulle sous la
Révolution et la première République*, avec une gravure hors
texte, in-8º. — Imp. Roche, à Brive, 1904.

Monographie de la commune de Naves (Corrèze), avec cartes et
nombre de gravures dans le texte et hors texte, 1er vol. in-8º.
Le second volume est sous presse. — Imp. Mazeyrie, à Tulle,
1905.

Le Royal-Navarre-Cavalerie et ses Chefs en Corrèze, épisodes
révolutionnaires en 1791, en cours de publication dans le « Bulletin de la Société scientifique, historique et archéologique de
la Corrèze », vol. in-8º. — Imp. Roche, à Brive, 1905.

Une Seigneurie du Bas-Limousin en cours de publication dans le
« Bulletin de la Société des Lettres, Sciences et Arts de la
Corrèze », avec nombreuses gravures. — Imp. Crauffon, à
Tulle, 1905.

L'Année de la Peur à Tulle, épisodes révolutionnaires en 1789-
1790, vol. in-8°. — Imp. La Gutenberg, à Tulle, 1905.

Essais historiques sur les environs de Tulle, 1re partie : *Laguenne*
en cours de publication dans « Lemouzi » organe de la fédération provinciale du Limousin et de la Ruche corrézienne de
Paris. — Imp. Roche, à Brive, 1905.

Etude sur les Ruines gallo-romaines de Tintignac (Corrèze) avec
une carte, 7 plans, 33 gravures dans le texte, une phototypie
hors page, vol. in-8°. — Imp. Crauffon, à Tulle, 1905.

L'aliénation des Biens du Clergé à la Révolution, étude initiale
sur des documents inédits. 1re partie : Diocèse de Tulle, in-8°.
— Paris, librairie Vic et Amat, 11, rue Cassette.

La Fabrication des Armes à Tulle il y a un siècle, in-8°. — Imp.
Crauffon, à Tulle.

POUR PARAITRE PROCHAINEMENT

*Sainte-Fortunade, canton de la Corrèze pendant la Révolution et
la première République.*

Les Sculpteurs limousins et leurs OEuvres au xviie siècle.

Les Amis de la Constitution à Tulle. Délibérations de cette
Société, de 1790 à 1794.

Le Papier marqué limousin depuis son Origine.

*Les Métiers d'autrefois et plus particulièrement ceux du Bas-
Limousin.*

Les Papetiers tullois et les Moulins.

Les Thermidoriens tullois 1794-1799.

Un Domaine royal en Bas-Limousin.

L'an 1789 à Tulle.

La Corrèze pittoresque, monumentale et artistique.

Le Trousseau d'un Bourgeois de Tulle au xviiie siècle.

Un Duel mortel à Tulle au xviiie siècle.

TULLE

Imprimerie Ouvrière, Administrative et Commerciale
« La Gutenberg »

1906

www.ingramcontent.com/pod-product-compliance
Ingram Content Group UK Ltd.
Pitfield, Milton Keynes, MK11 3LW, UK
UKHW022048070726
13613UKWH00002B/736